JN028985

ベースとなる茶葉、具材、
シロップ、トッピングの組み合わせから、
淹れ方、演出法まで

ティードリンクの
発想と組み立て

香飲家
片倉康博／田中美奈子

はじめに

　ティードリンクは近年、さまざまなお店で飲まれるようになりました。飲み物の中ではまだまだ発展途上ですが、その分、進化する可能性を秘めているドリンクです。

　日本では、お茶は誰でも簡単に淹れて飲むことができるため、外でお金を払い飲むことに価値を見い出されませんでした。しかしペットボトルのお茶の普及を皮切りにお茶を家で淹れる人が減り、代わりにお茶を購入する人口が増えました。お茶の成分はストレス社会の癒やしにも繋がります。お茶の持つ香りとカフェインを摂取することでリラックスできますし、さまざまな成分が健康にもよいとされていて、おいしいだけでなく現代社会を乗りきるために必要な栄養としても注目されています。

　また、現代ではコーヒーやアルコールが飲めない若年層も増えています。そうしたコーヒーの強い苦味が苦手な人に向けて、お茶を使ったティードリンクがコーヒーに代わる新しいアレンジドリンクとして存在感を増しています。お茶を使ったスイーツドリンクは見た目も魅力的ですし、「食事中にお酒を飲む」という環境や習慣が少しずつ失われてきている現代では、お酒の代わりに食事に合うティードリンクが飲まれる日も近いでしょう。こうしたコーヒーやアルコールに代わる新しいジャンルとしても、ティードリンクの魅力を知っていただけたらと思います。

　本書ではティードリンクの発想の組み立てを、さまざまな角度から解説しています。「ミルクティー」「フルーツティー」「スイーツティー」「アザーズ」「アルコール＆ティー」などバラエティ豊かなドリンクメニューのレシピに加え、ティードリンクの構成要素の解説、どのように発想し組み立てるかのロジックや知識、また、さらにオリジナリティを高めるためのシロップ・ソースやトッピングの作り方まで、初心者からプロの方まで幅広くお使いいただける内容となっています。ティードリンクショップの開業を目指す方にもぜひご覧いただきたいです。

　ティードリンクを構成しているそれぞれの素材について理解し、アレンジの発想と組み立て方がわかれば、いつものお茶がもっとおいしくなります。家での楽しみとして、お仕事のヒントとして、本書を通じてティードリンクのすばらしさを感じていただけましたら幸いです。

香飲家　片倉康博
田中美奈子

CONTENTS

ティードリンクの
考え方と基本

Chapter

2

MILK TEA

Chapter

3

FRUIT TEA

Chapter

4

SWEETS TEA

Chapter
5
OTHERS

Chapter
6
ALCOHOL
& TEA

{ 本書の使い方 }

本書は大きく分けて、下記の3部構成になっています。どの部分からもご覧いただけますが、①からお読みいただくとドリンク作りの基本から具体的なレシピという流れになり、ティードリンクについての理解がスムーズです。

{ 表記について }

ドリンクが「ICE」「HOT」どちらに適しているかの表記。どちらにも適する場合は両方にチェックが入っている

ドリンクを構成する主な要素

ドリンク名

材料は1杯分の仕上がりを目安にした分量。すべてg（グラム）表記。補足がある場合は「＊」が付随

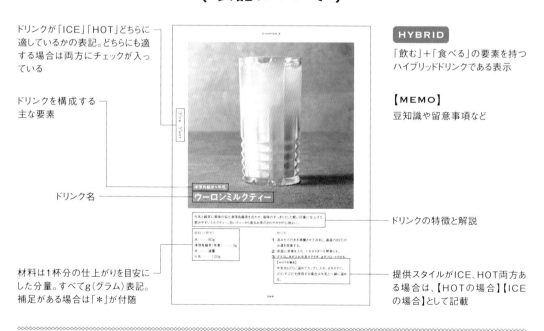

HYBRID

「飲む」＋「食べる」の要素を持つハイブリッドドリンクである表示

【MEMO】

豆知識や留意事項など

ドリンクの特徴と解説

提供スタイルがICE、HOT両方ある場合は、【HOTの場合】【ICEの場合】として記載

Chapter

1

ティードリンクの
考え方と基本

　本章ではティードリンクを理解するために必要な知識と考え方を紹介します。ティードリンクを構成する要素は何か、どのように発想しそれらをどのように組み立てるか、おもな構成パーツとなる「ベースとなるお茶」「フルーツ、牛乳などの割材」「甘さや色をつけるソース、シロップ」「アクセントとなるトッピング」それぞれの役割と紹介、香り・味・食感のバランスの取り方、華やかに演出するためのテクニック、必要な道具や機材など、一歩踏み込んで知ることで応用と創造の可能性も広がります。

ティードリンクとは?

現在、世界各国でティードリンクが大流行しています。お茶というとオーセンティックな淹れ方がスタンダードですが、近年ではお茶にさまざまな食材を合わせた新しいスタイルのドリンクが生まれています。

●ティードリンクの先駆け、台湾・中国

たとえば台湾でのお茶の淹れ方は、茶人が丁寧に抽出するのが一昔前までのスタイルでした。しかし現在はそのスタイルは古く感じられ、若年層は受け入れなくなってきています。店内で飲むスタイルから持ち帰り、いわゆる「飲みながら歩く」スタイルがトレンドとなるなどの要因が重なり、タピオカミルクティーやフルーツティーなど見栄えのよい甘いドリンクへとティードリンクは進化し、確実に浸透してきています。

中国では1店舗新しいドリンクを出して流行ると、他のお店もすべて同じドリンクを提供します。そのため新メニューのサイクルが早くなり、流行を作りやすい反面、新商品を次々に開発しないと店が潰れてしまいます。

中国で特に人気のティーショップは、無添加をうたっているお店です。お茶、フルーツ、シロップ、トッピングで構成され自然な甘さでとても飲みやすく、台湾で人気なのはシンプルな

メニューにこだわりお店の方針（ポリシー）と言うよりは売りたいものがしっかりしているお店が多く見られます。タピオカミルクティーや黒糖タピオカミルクティーなど、最近ではベースになるお茶にこだわるお店も出てきています。

●流行は世界、日本へ

アメリカではティードリンクショップというよりフルーツジュースショップでティードリンクを扱う傾向があります。アメリカのティー市場の約8割はアイスティーで、かつては、そのほとんどはフルーツの香料や甘みをつけたフレーバーティーでした。最近はフレッシュフルーツを使用したクラフトアイスティー、フレッシュフルーツベースにしたティードリンクも人気です。

台湾、中国、アメリカはフルーツが安いこともあり、ティードリンクにフルーツが贅沢に入る傾向にあります。見栄えも味もよく安価なことも購買に繋がっています。

オーストラリアやヨーロッパでも、チャイナタウン近くにはティーショップのオープンが続いています。世界各国にはチャイナタウンがあります。そのことからティーショップに必要な材料の流通も確保しやすく、チャイナタウンの

写真左_台湾ではエスプレッソマシンのように急速にお茶を入れている店が人気。
写真中_中国の店はフルーツの種類が多い。見える場所に置くことで購買意欲に繋がる。
写真右_無添加にこだわるティーショップで。フルーツたっぷりのナチュラルな味が中国では好評。

中国人が利用することで少しずつ認知されていきます。その後、それぞれの国の人々に人気が出れば一気に広がるという流れができます。

日本では、第1次は喫茶店ブーム、第2次はシアトル系コーヒーブーム、第3次はお店ごとにこだわり厳選したプレミアコーヒー豆や、一杯一杯丁寧に入れる本格的なドリップ方法を取り入れているコーヒーブームがありましたが、これまでティーブームはありませんでした。しかしタピオカブーム以降、ティードリンクは日本でも利益を伸ばしています。

日本では前述の中国とは違い、近隣のお店のメニューが人気でもそれを真似することはあまりしません。そうした状況から、なにか一つのメニューが一気に流行するということは起こりにくいのですが、一度人気が出ると長続きする傾向があります。お茶の卸業者も今まではお茶屋さんに卸していたのが、近年はティーショップに卸すことが多くなり、今や売上の大半を占めているそうです。

● 若者はコーヒーよりもティー

コーヒーブームは、味覚が成熟している大人がお茶よりコーヒーを嗜好品として飲むことが多くなり、お茶を家で淹れて飲むことが少なくなったことも要因の一つでした。

しかし現代は、若年層の味覚が大人になりにくい環境にあります。それは嫌いな食材は食べなくてもよいという社会において、若年層は、子供のときに好きなものだけ食べ味覚が成長しないままだからです。昔は嫌いな食材も食べないと怒られるような時代でした。また、昔の子供は大人に憧れ、大人が食するものをおいしくなくても食べることで大人に近づき「大人の真似をしたい」と考え、真似を繰り返すことで知らず知らずに早い時期に味覚が大人になっていきました。しかし現在の若年層は大人に憧れないので、そういったこともありません。

苦味や酸味は脳が毒と判断してしまい、味覚が大人にならない限りおいしいと感じません。そのため、苦味や酸味があるコーヒーは若い層にとって苦手な飲み物になっています。

一方、ティードリンクは苦味を感じにくく、わかりやすい味で、フルーツと相性がよく色彩も鮮やか。SNSで発信しやすいのも世界的に流行する理由なのです。

中国では1990年代以降に産まれた若者がティードリンクの主流消費層で全体の約50%を占めています。ティードリンクは今やコーヒーの2倍近くの市場規模に迫る勢いです。これからさらに活性化され、ブームでは終わらず定着していくであろう分野だと注目されています。

写真左・中_中国の深圳(しんせん)では飲んで食べるドリンクが人気。すぐ提供できるよう準備されている。
写真右_カリフォルニアのマンゴーネード人気店の抹茶フローズン。甘さ控え目で後味すっきり。
＊P.10、11の写真提供:著者

ティードリンクの構成について

　ティードリンクは、①基本（ベース）となる「お茶」、②お茶と相性のよいフルーツ、牛乳などの「割材」、③甘さや色をつける「ソース、シロップ」、④食感や飾りの華やかさを足しアクセントとなる「トッピング」の4つのパーツで構成されます。

　まずお茶の香りや色を考え、それに合った牛乳やフルーツなどの割材を探します。この時点でもドリンクとしては完成しますが、飲み手や旬のフルーツ次第で③と④が必要になります。

　香りが弱いフルーツや旬から外れている場合は、フルーツ感が弱いためシロップやソースによってさらにフルーツを足して強くし、甘さを好む世代向けには、シロップやソースで甘みを足します。ティードリンクは単色で見た目が単調になりがちです。お茶の色にきれいなフルーツシロップの色を加えることで、色鮮やかなドリンクに仕上がります。シロップやソースは糖度が高く重くなるため下に沈殿するので、層にしたいドリンクは重い液体から入れていくときれいな層になります。

　フルーツを飾ったり、タピオカなどの食材で食感をプラスすることで味に変化がつけられ、量の多いドリンクでも最後までおいしく飲んでもらうことができます。

　今まではストローで飲めるサイズのトッピングが主流でしたが、近年海外ではTOGOカップ（持ち帰り用カップ。詳しくはP.201参照）の蓋にフォークやスプーンが付いた包材が発売されたことにより、飲む＋食べるという2つの要素が加わったハイブリッド（異なった要素が混ざり合うこと）ドリンクが誕生しました。

　最新の調理技術やスイーツの技術を取り入れたドリンクも生まれ、トッピングも進化し続けています。各パーツをうまく組み合わせて構成することで、新しいドリンクを生み出すことも可能です。

1 ベースとなる お茶

お茶の香りはティードリンクのベースになる。緑茶、青茶、紅茶、黒茶、ハーブティー、フレーバーティーなどさまざまな種類があるので、仕上がりイメージから逆算してセレクトする。お茶の色も仕上がりに大きく影響する。

2 フルーツ、牛乳などの 割材

お茶と合わせることで味を引き立て、バリエーションをつけることができるもの。ドリンクを二層にしたりと見栄えの変化もつけられる。牛乳やフルーツを搾実してジュースにしたもののほか、豆乳やアーモンドミルクなども。

{ ティードリンクの構成パーツはおもに4つ }

3 甘みや色をつける ソース・シロップ

ドリンクにフルーツ感を加えたり、甘みをプラスするために使う。フルーツシロップはお茶に加えることで色鮮やかさも演出できる。茶葉やスパイス、チョコレートを使ったものなど多種多様で、手作りすればオリジナリティも増す。

4 アクセントとなる トッピング

食感や味、見た目の華やかさを加えるドリンクのアクセントとなる存在。定番のタピオカをはじめゼリー、寒天などの固形物以外にも、ホイップクリームやフォーム、ペースト、エスプーマ、かき氷などもトッピングとして活用できる。

ドリンクの発想と組み立て

　完成イメージを想像し、それから逆算して、「ベースとなるお茶」「フルーツ、牛乳などの割材」「甘みや色をつけるソース・シロップ」「アクセントとなるトッピング」のティードリンクを構成する4つのパーツを連想していくとドリンクは作りやすくなります。

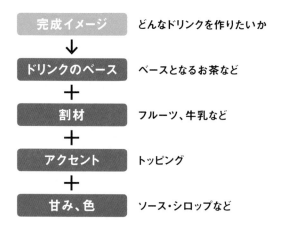

完成イメージ	どんなドリンクを作りたいか
↓	
ドリンクのベース	ベースとなるお茶など
＋	
割材	フルーツ、牛乳など
＋	
アクセント	トッピング
＋	
甘み、色	ソース・シロップなど

　連想ゲームのようにフローラルなドリンクにするなら茉莉花茶にしようと考えたり、さっぱりさせるならレモンなので酸味系の食材を組み合わせるといった具合です。

　甘みは後から足せるためドリンク全体のバランスを考えてから足します。色は全体を合わせた後に微調整もできます。すべてのドリンクにアクセントがあるとアピールしたいドリンクのイメージが薄くなります。売りたい商品、見せたい商品に絞ってプラスするほうがメニュー全体のバランスがとれます。

{ 発想と組み立て方の例 }

EX.1
黒糖タピオカミルクティー
> P.68

完成イメージ

タピオカミルクティーに相性のよいトッピングを入れたドリンク。

↓

ドリンクのベース　台湾茶「凍頂烏龍茶」

↓

割材　牛乳

↓

アクセント

タピオカ、チーズフォーム
タピオカは黒糖を練り込んで作られているため黒糖と相性がよく、チーズフォームは同じ発酵食品の烏龍茶と相性がよい。チーズフォームに黒糖をふりバーナーで炙りカラメル化させることにより苦味が足され、全体の甘さをマイルドにする。

↓

甘み、色

甘み：タピオカの黒糖とチーズフォーム上の黒糖のカラメル
色：白茶色（白みがかった茶色。ごく薄い茶色）

【MEMO】
組み立ての順序
「完成イメージ」から逆算して必要なパーツを考え、組み立てていく。この黒糖タピオカミルクティーの場合はまず「ドリンクのベース」を決め、次に「割材」「アクセント」、最後に「甘み、色」を考えた。どのパーツから考えるかは完成イメージによって変わる。

{ 発想と組み立て方の例 }

EX.2
洋梨シトラス
ジャスミン
> P.101

EX.3
アールグレイ&
オレンジ雪花冰
> P.142

完成イメージ

冬のフルーツ、芳醇な香りの洋梨にフローラルな
香りを合わせ、濃厚な食事が多い冬にさっぱり飲
めるように酸味をプラスしたドリンク。

割材　　洋梨ソース

ドリンクのベース

フレーバーティー「茉莉花茶」
洋梨の香りに負けないフローラルな香り。

甘み、色

甘み：洋梨ソースの甘み
色：淡黄色

アクセント

エスプーマ、レモンフォーム、レモンピール
冬限定のフルーツを使用したシーズナルメニュー。酸味
と見栄えのよいエスプーマを使用。レモンフォームでさ
っぱり仕上げ、削ったピールで香りを広げる。

完成イメージ

真夏に人気のかき氷のアレンジティードリンク。

甘み、色

甘み：オレンジ雪花冰の甘みをつけさっぱりした甘さ
色：夏色のオレンジ

割材　　オレンジ果汁の雪花冰

アクセント

雪花冰
かき氷のふわふわ感を楽しむために。

ドリンクのベース

フレーバーティー「アールグレイ」
オレンジと相性がよく同系色のアールグレイティーをセ
レクト。

{ 発想と組み立て方の例 }

EX.4

塩アールグレイ
カフェラテ

> P.176

完成イメージ

コーヒードリンクにアールグレイの香りをプラスしたコーヒーショップでも提供できるドリンク。

↓

ドリンクのベース

フレーバーティー「アールグレイ」

↓

割材　牛乳

↓

アクセント

エスプレッソ、塩ミルクフォーム
苦味の強いエスプレッソと塩ミルクフォームの組み合わせ。ミルクフォームに塩を少量足すことで甘さが引き立つ。

↓

甘み、色

甘み：シロップと塩ミルクフォームで甘さと香りのバランスをとる
色：茶色。コーヒーの色は強くすべて同じ色になるため同系色の紅茶でまとめている

EX.5

ブラッディメアリー
ティースタイル

> P.196

完成イメージ

オーソドックスなカクテルのインフューズティードリンク。

↓

ドリンクのベース

紅茶のウォッカ
ウォッカにアールグレイの香りを移すことで、ベルガモットで柑橘系の香りをつけた紅茶のウォッカを作る。

↓

割材　フレッシュトマトジュース

↓

甘み、色

甘み：トマトの甘さ
色：赤色

↓

アクセント

ベーコンストロー、セロリの葉、ドライレモン
ベーコンストローは吸っても、食べてもOKで、ドリンクにコクと塩味をお好みで。セロリの葉で清涼感のある香りをつけ、ドライレモンで酸味をプラス。

ティードリンクの構成パーツ

ベースとなるお茶

　ティードリンクの中で、お茶の香りはベースとなります。お茶の味はあくまでもバランスをとるもので、ベースにはなりません。たとえば鼻をつまんでレモンを食べると酸っぱいだけでレモンだとわかりませんが、それは香りがなく味覚でしか感じられないためです。オイルなどで香りを嗅ぐとレモンだと認識できます。また、味に関しては地域差や飲む環境、飲む年齢層で好みが変わります。さらに味は割材を入れて変えることができます。こうしたことからティードリンクは基本的にお茶の味をベースにすることはしません。香りが大切なのです。お茶の鮮度も香りに関わります。

　お茶は時間が経つと濁ってきたり、クリームダウン（茶葉に含まれるカテキンとカフェインが、冷える過程で結晶化して濁って見える状態のこと。お茶の濃度が高いときや冷やす速度が遅い場合に起こりやすい）してしまうので、長くても6時間位で消費するのが理想です。

　お茶は基本的に沸騰させたお湯で入れたものを使います。それを氷を入れた器にそそぎ、割材やソース・シロップなどと組み合わせてティードリンクを作ります。お茶をお湯で入れる理由は、沸騰させると水の硬度が一時的に下がるのでお茶の成分を抽出しやすいこと、水道水の塩素等のにおいや成分を取り除くため、殺菌の

ためです。淹れる湯温が高いほどカテキン、タンニン、カフェインが多く出やすく渋味や苦味のあるお茶になります。

　逆にコールドブリュワーティー（水出しのお茶）の場合はそれらの成分が出にくく、水の温度が低くても抽出されやすいアミノ酸やグルタミン酸、テアニンによって甘みや旨味のあるお茶になります。コールドブリュワーティーのほうがカテキン等の成分が薄いので、お湯出しのお茶よりクリームダウンしにくいです。茶葉の発酵の度合いや製造の手法などによって香りや味、色も違うので、それぞれの特性を理解してベースとなるお茶を考えることが大切です。

　また、お茶にはおいしさのほかに、健康によい影響を与えるとされる成分が多く含まれています。お茶の渋味成分のカテキンは血中コレステロールの低下、体脂肪低下作用、がん予防、抗酸化作用、抗菌作用等が期待できるとされています。苦味成分のカフェインは覚醒作用、疲労感や眠気の除去、持久力増加、利尿作用などが、うま味成分のテアニンは神経細胞保護作用、リラックス作用、ビタミンCは皮膚や粘膜の健康維持、抗酸化作用、ビタミンB2は皮膚や粘膜の健康維持の効果があるといわれています。成分効能まで考えると、体がおいしく感じるティードリンクに仕上がります。

{ 本書で登場するお茶のカテゴリー }

緑茶 (不発酵茶)

茶の葉を摘み取った直後に、酸化発酵を極力抑えて発酵するのを防いだ不発酵茶。苦味や渋味、旨みなど独特な味を楽しめる。日本で飲まれているお茶のほとんどが緑茶。爽やかな青々しい香りはフルーツと相性がよく、キリッとした苦味があるものや甘みのあるものとも相性がよいが、香りが繊細なため、香りが強いものと合わせると消されてしまう。ほうじ茶や玄米茶も緑茶だが、香りが強くさっぱりしているので、香りが強いものや濃厚な割材と合わせても印象が残る。
⦿玉露、ほうじ茶、玄米茶など

青茶 (半発酵茶)

葉の発酵途中で加熱することで発酵を止めたのが半発酵茶。発酵部分の褐色と不発酵部分の緑色が混じり合って、見た目が青っぽく見えることからこのように呼ばれている。緑茶に近い約15%の軽発酵から紅茶に近い約70%の発酵まであり、この発酵に重火・中火・軽火の焙煎の要素も加わる。
青茶にはさまざまな種類があり、発酵度の低い少し緑がかった色の清香タイプから発酵度の高い紅茶色に近い熟焙タイプなど、発酵の度合いが高くなることで緑色から茶色に変化する。茶葉の特性を知ることで色鮮やかに仕上げることが可能。フルーツや乳製品、さっぱりしたものなどと、多種多様に合わせることができる。
⦿凍頂烏龍茶、金萱烏龍茶、東方美人茶、四季春烏龍茶、鉄観音など

紅茶 (発酵茶)

茶の葉を完全発酵させたものが発酵茶で、紅茶はそれにあたる。お茶には酸化酵素というものが含まれていてその働きを利用して作られる。製造の過程で緑色から赤褐色へと変化し、香りもグリーン系から花や果物のような芳香へと変化していく。フルーツやスパイスと相性がよく、赤〜茶系のお茶の色に合わせて同色のフルーツを使うときれいな色のドリンクに仕上がる。
⦿アッサム、ダージリン、ラプサンスーチョン、キーモン紅茶、英徳紅茶など

黒茶 (後発酵茶)

製造の過程で麹菌により数ヶ月以上発酵させる後発酵製法のお茶。長期保存ができ、年代物は高値がつきヴィンテージワインのように楽しまれている。散茶(茶葉がほぐれた状態のもの)と固形茶(茶葉を圧縮し固めた状態のもの)の2種類あり、かつて中国の山奥の産地から消費地にお茶を運ぶ1年ほどの間に茶葉が酸化し、独特の味や香りを生んだといわれている。香ばしく酸味のあるスモーキーな香りは、土を連想させる。甘みのある牛乳やチョコレートとの相性がよい。
⦿プーアル茶

フレーバーティー

茶葉に着香したもの。もっとも有名なアールグレイは、ベルガモットの香りをつけた紅茶。そのほかキャラメルやバニラ、チョコレートなどの香りをつけたものもある。花びらや果皮、ドライフルーツ、スパイス(香料)などを茶葉に混ぜたものもあり、なかでも有名なのは中国緑茶にジャスミンの香りをつけた茉莉花茶がある。
⦿アールグレイ、白桃烏龍茶、荔枝烏龍茶、茉莉花茶など

ハーブティー

西洋で漢方のように使われたのが始まりで、薬用の植物を乾燥させてお茶にしたものの総称。ほかのお茶とは違いチャノキの葉を使用していないため、ノンカフェインのものが多い。単一やハーブをブレンドしたものなどさまざま。香りによりアロマテラピーの効果も期待できる。
⦿カモミール、ミントティー、ハイビスカス&ローズヒップ、バタフライピーなど

ベースとなるお茶の種類と淹れ方

　本書で登場するティードリンクのベースとなるお茶22種類の解説と淹れ方を紹介します。淹れたお茶はベースとして使うほか、ストレートティーとしても飲用可能。ここでは基本の淹れ方を紹介していますが、お茶はその種類だけでなく、茶葉の大きさや形状によっても湯温や蒸らし時間は変わります。慣れると感覚がつかめるようになってくるでしょう。

☞ お湯で淹れる

本書では、お茶は基本的にお湯出しで淹れ、アイスにする場合はお湯出しのお茶に氷を加えて急冷する手法をとっている。お湯出しの理由は沸騰させることで水の硬度を一時的に下げることができお茶の成分を抽出しやすいため、水道水の塩素等のにおいや成分を取り除くため、殺菌のため。

お茶を淹れる前に、知っておきたいこと

☞ 使うのは軟水

お茶は基本的に軟水で淹れのるがおすすめ。硬水は向いていない。日本の水は基本的に軟水だが、天然水は硬水が多い。軟水がよい理由としては、お茶の成分が抽出されやすいため、旨味、渋味、苦味がバランスよく出ること。硬水は、お茶から出たシュウ酸が水中のカルシウムと結合し、お茶本来の成分が抽出されづらいため向かない。

☞ 水は汲みたてを使用

汲んだばかりの水道水は空気を含んでいるため茶葉が舞いやすく、茶葉が舞うことで抽出しやすくなる。レシピ内ではすべて「汲みたての水」と記載。ペットボトルの水を使う場合は軟水を選び、ペットボトルを振って空気を入れるとよいが、あまりおすすめしない。

☞ 湯温について

沸騰したお湯を器にそそぐと約95℃に温度が下がるので、95℃の高温で淹れる場合は沸騰したお湯をそのままそそぐ。お湯の温度を適したものにするにはウォーターボイラーのような抽出する湯温が調整できるマシンを導入するか、クッキング用の温度計を使うとよい。少量の場合は温度調整機能のついたケトルを利用しても。

☞ 保存・消費に関して

保温しておく場合は、ホットはそのまま提供し、アイスの場合は注文ごとに氷を入れた器にそそぐか、シェーカーなどで急速に冷やして提供する。保冷しておく場合は、アイスは氷を入れた器にそのままそそいで提供し、ホットはスチームマシンなどで温めて提供する。季節や状況にもよるが、作ったお茶は6時間以内に消費するのが理想的。

淹れ方について

- それぞれHOTとICEでの淹れ方を記載。
- 材料は、茶葉が水を吸うことを考慮して、仕上がり量が約1kg＝約1ℓ（リットル）になる分量に設定。
- ICEの材料「水（A）」は、お茶を冷やし過ぎるとクリームダウンしやすくなるため、常温よりやや冷たい程度の温度に仕上げてクリームダウンを防ぐための調整用。お湯でお茶を淹れたあとに入れるので軟水、硬水どちらでもよい。

【**紅茶**】

【紅茶】アッサム

甘みが強く濃い赤褐色で芳醇な香り。ファーストフラッシュ（春摘みのお茶）は特徴が弱く、6～7月のセカンドフラッシュ（夏摘みのお茶）がアッサム特有のパンチがある味わいが濃いため、ミルクティーにするならセカンドフラッシュがおすすめ。

使用例＞ P.120、145、146、148、150、152

【紅茶】ダージリン

インド北東部ヒマラヤ山脈標高2000mを超える高地で作られている。ファーストフラッシュ、セカンドフラッシュ、オータムナル（秋摘みのお茶）と年3回収穫され時期により味わいの違いが楽しめる。

使用例＞ P.73、90、92、93、94、122

アッサムとダージリンは同じ分量・淹れ方

【**HOT**】

材料 茶葉26g、水（軟水）1050g

淹れ方

① 汲みたての水を沸騰させる。

② 茶器に分量の茶葉を入れて①を勢いよくそそぐ。

③ 4分間蒸らして漉しながら容器にそそぐ。

【**ICE**】

材料 茶葉46g、水（軟水）630g※沸騰させる用、氷315g、水（A）105g

淹れ方

① 汲みたての水を沸騰させる。

② 茶器に分量の茶葉を入れて①を勢いよくそそぎ、4分間蒸らす。

③ 容器に氷と水（A）を合わせ、②を漉しながらそそぎ混ぜて急冷する。

【**台湾茶**】

【台湾茶】東方美人茶（とうほうびじんちゃ）

青茶に分類される烏龍茶の1種だが発酵度が高く、味わいが紅茶に近い。ウンカという虫に茶葉を噛ませる独特の製法で作ることで、甘さと芳醇な香りが生まれる。ヨーロッパでも人気。

使用例＞ P.95、99、108、112、126、179

【**HOT**】

材料 茶葉26g、水（軟水）1050g

淹れ方

① 汲みたての水を沸かして85℃のお湯を用意する。

② 茶器に分量の茶葉を入れて①をそそぐ。

③ 2分間蒸らして漉しながら容器にそそぐ。

【**ICE**】

材料 茶葉52g、水（軟水）630g、氷315g、水（A）105g

淹れ方

① 汲みたての水を沸かして85℃のお湯を用意する。

② 茶器に分量の茶葉を入れて①をそそぎ、2分間蒸らす。

③ 容器に氷と水（A）を合わせ、②を漉しながらそそぎ混ぜて急冷する。

【台湾茶】

【台湾茶】凍頂烏龍茶
（とう ちょう うー ろん ちゃ）

台湾4大銘茶の一つ。チャノキの葉を発酵の途中で加熱した「青茶」。緑茶のような味わいで発酵度が上がるとフルーツのような華やかさが増してくる。

使用例 > P.66、68、119、124、132

【台湾茶】金萱烏龍茶
（きん せん うー ろん ちゃ）

台湾嘉義県の海抜1500mの阿里山郷で作られている烏龍茶の新種。「香りのお茶」とも呼ばれ、ミルクのような甘く濃厚な香りにさっぱりとした味わい。

使用例 > P.74、76、134、161、163、175、180、190

【台湾茶】四季春烏龍茶
（し き しゅん うー ろん ちゃ）

蘭の花のような甘い香りと爽やかさに透明感のある味わいと甘みが特徴で、春夏秋冬いつ摘んでもおいしいお茶ができることからこの名がついた。

使用例 > P.102

凍頂烏龍茶、金萱烏龍茶、四季春烏龍茶は同じ分量・淹れ方

【HOT】

材料 茶葉20g、水（軟水）1250g（うち200gは潤茶用）

淹れ方
① 汲みたての水を沸騰させて冷まし、適温の95℃のお湯を用意する。
② 茶器に分量の茶葉を入れて①のうち潤茶用の200gをそそぎ、1煎目はすぐ捨てる。（潤茶*）
③ 再び①をそそぎ、1分間蒸らして漉しながら容器にそそぐ。

【ICE】

材料 茶葉40g、水（軟水）830g（うち200gは潤茶用）、氷315g、水（A）105g

淹れ方
① 汲みたての水を沸騰させて冷まし、適温の95℃のお湯を用意する。
② 茶器に分量の茶葉を入れて①のうち潤茶用の200gをそそぎ、1煎目はすぐ捨てる（潤茶）。
③ 再び①をそそぎ、1分間蒸らす。
④容器に氷と水（A）を合わせ、③を漉しながらそそぎ混ぜて急冷する。

＊潤茶とは：茶葉に水分が浸透しにくい青茶と白茶を、一煎目のお湯で潤すこと。お湯は茶葉をすすいだらすぐに捨てる。

【MEMO】
台湾茶は発酵と焙煎によってタイプが分かれる

◉よく発酵させしっかり焙煎した
　熟焙タイプ
凍頂烏龍茶、東方美人茶など。東方美人茶は80〜85℃で淹れると、円やかでハチミツのようなデリケートな味と香りがする。

◉軽く発酵させて柔らかく焙煎した
　清香タイプ
四季春烏龍茶、金萱烏龍茶など。95〜100℃の高温で淹れることで香りが引き出せる。

【中国青茶】鉄観音
（てっかんのん）

中国十大銘茶の青茶の一つ。春と冬に摘まれた葉が上物とされている。桃のような甘い香りと渋みの少ない丸みのある味わい。高発酵が特徴だったが近年は低発酵で作られるさわやかな風味が主流。

使用例> P.89

＊洗茶とは：発酵期間が長い青茶や黒茶は倉庫などで熟成させることから、埃などがついている。その埃などを取るために1、2煎目のお湯は茶葉をすすいですぐ捨てることを洗茶という。工芸茶も同様に洗茶が必要。

【HOT】

材料 茶葉20g、水（軟水）1250g（うち200gは洗茶用）

淹れ方
① 汲みたての水を沸騰させて冷まし、適温の95℃のお湯を用意する。
② 茶器に分量の茶葉を入れて①のうち洗茶用の200gをそそぎ、1、2煎目はすぐ捨てる（洗茶＊）。
③ 再び①をそそぎ、1分間蒸らして漉しながら容器にそそぐ。

【ICE】

材料 茶葉40g、水（軟水）830g（うち200gは洗茶用）、氷315g、水（A）105g

淹れ方
① 汲みたての水を沸騰させて冷まし、適温の95℃のお湯を用意する。
② 茶器に分量の茶葉を入れて①のうち洗茶用の200gをそそぎ、1煎目はすぐ捨てる（洗茶）。
③ 再び①をそそぎ、1分間蒸らす。
④ 容器に氷と水（A）を合わせ、③を漉しながらそそぎ混ぜて急冷する。

【中国黒茶】プーアル茶

中国黒茶と呼ばれる後発酵方法のお茶の総称をプーアル茶という。土を連想させる特有の香りと奥深い味わいで脂っこい食事にもよく合う。生茶と熟茶の2種類に分けられ、味わいが違う。

使用例> P.156

【HOT】

材料 茶葉10g、水（軟水）1250g（うち200gは洗茶用）

淹れ方
① 汲みたての水を沸騰させて冷まし、適温の95℃のお湯を用意する。
② 茶器に分量の茶葉を入れて①のうち洗茶用の200gをそそぎ、1、2煎目はすぐ捨てる（洗茶）。
③ 再び①をそそぎ、5分間蒸らして漉しながら容器にそそぐ。

【ICE】

材料 茶葉20g、水（軟水）830g（うち200gは洗茶用）、氷315g、水（A）105g

淹れ方
① 汲みたての水を沸騰させて冷まし、適温の95℃のお湯を用意する。
② 茶器に分量の茶葉を入れて①のうち洗茶用の200gをそそぎ、1煎目はすぐ捨てる（洗茶）。
③ 再び①をそそぎ、5分間蒸らす。
④ 容器に氷と水（A）を合わせ、③を漉しながらそそぎ混ぜて急冷する。

【中国茶】

【MEMO】

生茶と熟茶の違い

生茶は自然発酵させたもので、生産されて日が浅い茶葉は緑茶に近く、フローラルな香りの状態から年代を経るほど、ワインのような芳醇な香りやドライフルーツのような甘い香りに変化する。熟茶は人工的に2ヵ月近く発酵させたもの。熟成期間は短いが水色は栗色〜焦げ茶色で、ドライフルーツのような甘い香りと陳香とよばれる香りが特徴。

【中国茶】

【中国紅茶】ラプサンスーチョン

中国・福建省武夷山一帯で生産される中国紅茶。茶葉を松の薪で燻製することでスモーキーな香りが、松の精油の吸着によりツヤが生まれる。

使用例＞ P.192

【中国紅茶】キーモン紅茶

世界三大銘茶の一つ。スモーキーで花のような優雅な甘い香り、旨味があり深い味わい。中国伝統の製造工程が多く、手間をかけて作られている。新茶よりも半年〜1年経過させた方が香りが増すといわれている。

使用例＞ P.178

【中国紅茶】英徳紅茶
（えい とく こう ちゃ）

一般的なものは茶葉が黒くてスモーキー感が強いことから、ミルクティーに向いている。上級品はまったく別物で、茶葉は金色で味は濃厚。まろやかで、酸味や渋みも少ない口当たりのよさはストレートで飲むのに適している。

使用例＞ P.164、166

ラプサンスーチョン、キーモン紅茶、英徳紅茶は同じ分量・淹れ方

【HOT】
材料 茶葉20g、水（軟水）1050g
淹れ方
① 汲みたての水を沸騰させて95℃のお湯を用意する。
② 茶器に分量の茶葉を入れて①を勢いよくそそぐ。
③ 1分間蒸らして漉しながら容器にそそぐ。

【ICE】
材料 茶葉40g、水（軟水）630g、氷315g、水（A）105g
淹れ方
① 汲みたての水を沸騰させて95℃のお湯を用意する。
② 茶器に分量の茶葉を入れて①を勢いよくそそぎ1分間蒸らす。
③ 容器に氷と水（A）を合わせ、②を漉しながらそそぎ混ぜて急冷する。

【MEMO】

お茶の「苦み：カフェイン」成分は80℃から抽出し始めることから、80℃のお湯で淹れると苦味のカフェインが抽出されないためキリッとした渋みになる。「甘み・旨味」の成分は、45℃から抽出し始め、そのなかでも特に70〜90℃の温度帯が主にテアニンというアミノ酸が抽出されやすい。「渋み：カテキン」の成分は、60℃から抽出し始める。キリッとした渋みを出したいときは80℃のお湯で淹れる。

【日本茶】玉露
ぎょく ろ

おおいしたさいばい
覆下栽培と呼ばれる新芽の成長時期に畑を覆い、直射日光を遮る栽培方法で育てられるため、旨味成分のテアニンがそのまま残り、濃厚な甘みとコクと香り。最上級品ともなれば茶摘みも手作業で年に1度しか摘採されない。まさに「お茶の王様」。

使用例> P.84、88、118、130、189

【**HOT**】

材料 茶葉30g、水（軟水）1050g
淹れ方
① 汲みたての水を沸騰させて60℃のお湯を用意する。
② 茶器に分量の茶葉を入れて①を静かにそそぐ。このとき、茶器をゆすると濁りが出るのでゆすらないように。
③ 1分半〜2分間蒸らして漉しながら容器にそそぐ。

【**ICE**】

材料 茶葉60g、水（軟水）630g、氷315g、水（A）105g
淹れ方
① 汲みたての水を沸騰させて60℃のお湯を用意する。
② 茶器に分量の茶葉を入れて①を勢いよくそそぎ1分半〜2分間蒸らす。
③ 容器に氷と水（A）を合わせ、②を漉しながらそそぎ混ぜて急冷する。

【日本茶】

【日本茶】ほうじ茶

緑茶の一種。煎茶や番茶、茎茶を焙じたもので独特の香ばしさを楽しめる。苦味や渋味はほとんどなくあっさりとした口当たり。

使用例> P.70、157、162

【日本茶】玄米茶

炒った香ばしい玄米に番茶や煎茶を加えたお茶。米が入ることでお茶の使用量が減り、カフェインも少なく、味わいはさっぱりとしている。抹茶をブレンドしたものも人気。

使用例> P.72、158

ほうじ茶、玄米茶は同じ分量・淹れ方

【**HOT**】

材料 茶葉30g、水（軟水）1050g
淹れ方
① 汲みたての水を沸騰させて95℃のお湯を用意する。
② 茶器に分量の茶葉を入れて①にそそぐ。
③ 30秒蒸らして漉しながら容器にそそぐ。

【**ICE**】

材料 茶葉40g、水（軟水）630g、氷315g、水（A）105g
淹れ方
① 汲みたての水を沸騰させて95℃のお湯を用意する。
② 茶器に分量の茶葉を入れて①を勢いよくそそぎ30秒蒸らす。
③ 容器に氷と水（A）を合わせ、②を漉しながらそそぎ混ぜて急冷する。

＊ほうじ茶は高温で焙煎することでカテキン、カフェインが減る。高温で淹れることで香りがより楽しめる。

【フレーバーティー】

【フレーバーティー】アールグレイ

ベルガモットの芳香を精油の香りで着香した紅茶。世界中で愛されているフレーバーティーの代表格。茶葉をブレンドものから1種類でこだわる商品までさまざま。組み合わせ方によって味わいや香りの強さも変わる。

使用例> P.97、106、142、154、160、176、183、184、196

【HOT】
材料 茶葉26g、水（軟水）1050g
淹れ方
① 汲みたての水を沸騰させて95℃のお湯を用意する。
② 茶器に分量の茶葉を入れて①を勢いよくそそぐ。
③ 4分間蒸らして漉しながら容器にそそぐ。

【ICE】
材料 茶葉46g、水（軟水）630g、氷315g、水（A）105g
淹れ方
① 汲みたての水を沸騰させて95℃のお湯を用意する。
② 茶器に分量の茶葉を入れて①を勢いよくそそぎ4分間蒸らす。
③ 容器に氷と水（A）を合わせ、②を漉しながらそそぎ混ぜて急冷する。

【フレーバーティー】白桃烏龍茶
（はく とう うー ろん ちゃ）

台湾烏龍茶に白桃の香りをつけた、みずみずしく清らかな味わい。ベースの烏龍茶は青茶なので、後味はすっきりしている。人気の高いフレーバーティー。

使用例> P.83、85、104、151、195

白桃烏龍茶と荔枝烏龍茶は同じ分量・淹れ方

【HOT】
材料 茶葉20g、水（軟水）1050g
淹れ方
① 汲みたての水を沸騰させて95℃のお湯を用意する。
② 茶器に分量の茶葉を入れて①をそそぐ。
③ 1分間蒸らして漉しながら容器にそそぐ。

【ICE】
材料 茶葉40g、水（軟水）630g、氷315g、水（A）105g
淹れ方
① 汲みたての水を沸騰させて95℃のお湯を用意する。
② 茶器に分量の茶葉を入れて①をそそぎ1分間蒸らす。
③ 容器に氷と水（A）を合わせ、②を漉しながらそそぎ混ぜて急冷する。

【フレーバーティー】荔枝烏龍茶
（らい ち うー ろん ちゃ）

台湾烏龍茶にライチの香りをつけた透明感のある黄金色のお茶。バランスのとれた、まろやかな味わいと風味のフレーバーティー。

使用例> P.194

【フレーバーティー】 **茉莉花茶**（まつりかちゃ）

ジャスミンティーのこと。花茶を代表する中国茶の1種でベースになる茶葉は中国緑茶が一般的だが、烏龍茶や白茶ベースもある。それらの茶葉にジャスミンの花弁やつぼみの香りをつけたり、ブレンドしたもの。

使用例＞ P.64、82、96、98、100、101、103、105、117、128、140、172、182、188、194

【HOT】
材料 茶葉20g、水（軟水）1050g
淹れ方
① 汲みたての水を沸騰させて85℃のお湯を用意する。
② 茶器に分量の茶葉を入れて①をそそぐ。
③ 1分間蒸らして漉しながら容器にそそぐ。

【ICE】
材料 茶葉40g、水（軟水）630g、氷315g、水（A）105g
淹れ方
① 汲みたての水を沸騰させて85℃のお湯を用意する。
② 茶器に分量の茶葉を入れて①をそそぎ1分間蒸らす。
③ 容器に氷と水（A）を合わせ、②を漉しながらそそぎ混ぜて急冷する。

【フレーバーティー】

【ハーブティー】 **カモミール**

薬草としても利用されている多年草。青リンゴに似たフルーティーで清々しい香り。リラックス効果があるとされ、ハーブティーの中でも人気がある。

使用例＞ P.113

【HOT】
材料 カモミール（花茶）20g、水（軟水）1050g
淹れ方
① 汲みたての水を沸騰させて95℃のお湯を用意する。
② 茶器に分量の花茶を入れて①をそそぐ。
③ 3分間蒸らして漉しながら容器にそそぐ。

【ICE】
材料 カモミール（花茶）40g、水（軟水）630g、氷315g、水（A）105g
淹れ方
① 汲みたての水を沸騰させて95℃のお湯を用意する。
② 茶器に分量の花茶を入れて①をそそぎ3分間蒸らす。
③ 容器に氷と水（A）を合わせ、②を漉しながらそそぎ混ぜて急冷する。

【ハーブティー】

【ハーブティー】 **ミントティー**

シソ科の植物でペパーミント、スペアミント、アップルミントなど数種類ある。抗菌作用と消化促進があるとされ、メントールの清涼感がある心地よい香りはリフレッシュ効果も。柑橘と合わせるのもおすすめ。

使用例＞ P.115

【HOT】
材料 ミント（ドライハーブ）20g、水（軟水）1050g
淹れ方
① 汲みたての水を沸騰させて95℃のお湯を用意する。
② 茶器に分量の花茶を入れて①をそそぐ。
③ 3分間蒸らして漉しながら容器にそそぐ。

【ICE】
材料 ミント（ドライハーブ）40g、水（軟水）630g、氷315g、水（A）105g
淹れ方
① 汲みたての水を沸騰させて95℃のお湯を用意する。
② 茶器に分量の花茶を入れて①をそそぎ3分間蒸らす。
③ 容器に氷と水（A）を合わせ、②を漉しながらそそぎ混ぜて急冷する。

【ハーブティー】

【ハーブティー】

ハイビスカス&ローズヒップ

バラの果実を乾燥させたローズヒップはフルーティー
で、ハイビスカスとの相性がよい。強い酸味と美しいル
ビーレッドのお茶。甘みを足すことでまろやかになる。

使用例> P.116

【HOT】

材料 ハイビスカス&ロー
ズヒップ（花茶）20g、水
（軟水）1050g
淹れ方
① 汲みたての水を沸騰
させて95℃のお湯を用
意する。
② 茶器に分量の花茶
を入れて①をそそぐ。
③ 3分間蒸らして漉しな
がら容器にそそぐ。

【ICE】

材料 ハイビスカス&ロー
ズヒップ（花茶）40g、水
（軟水）630g、氷315g、
水（A）105g
淹れ方
① 汲みたての水を沸騰
させて95℃のお湯を用
意する。
② 茶器に分量の花茶
を入れて①を勢いよくそ
そぎ3分間蒸らす。
③ 容器に氷と水（A）を
合わせ、②を漉しながら
そそぎ混ぜて急冷する。

【ハーブティー】 **バタフライピー**

タイを原産とするマメ科植物で、鮮やかなブルーの花が
特徴。使用するのはおもに花びらを乾燥させたもので、
天然の色素が抽出される。レモン汁などに含まれるクエ
ン酸がバタフライピーに含まれるアントシアニンと化学
反応を起こして、紫に変化する。

使用例> P.77、86

【HOT】

材料 バタフライピー（花
茶）20〜30花、水（軟
水）1050g
淹れ方
① 汲みたての水を沸騰
させて95℃のお湯を用
意する。
② 茶器に分量の花茶
を入れて①をそそぐ。
③ 3分間蒸らして漉しな
がら容器にそそぐ。

【ICE】

材料 バタフライピー（花
茶）20〜30花、水（軟
水）630g、氷315g、水
（A）105g
淹れ方
① 汲みたての水を沸騰
させて95℃のお湯を用
意する。
② 茶器に分量の花茶
を入れて①をそそぎ3分
間蒸らす。
③ 容器に氷と水（A）を
合わせ、②を漉しながら
そそぎ混ぜて急冷する。

バタフライピーにレモン汁
を加えると、ゆっくりと色が
変化していく。混ぜると最
終的にはピンク色になる。

【MEMO】

ハーブティーは茶葉をブレンドしていないものはカテキンがほぼ入っ
ていないので、高温のお湯で淹れても問題がない。

{ コールドブリュワー（水出し）の場合 }

　基本的な工程はどのお茶でも同じで、容器にパックに詰めた茶葉と水を入れて数時間置く。茶葉の量はお茶の種類にもよるが、水1kg＝1ℓに対して10〜15gが目安。

　お湯出しと比べて渋味や苦味の成分であるカテキン、タンニン、カフェインが出にくく、水の温度が低くても抽出されやすいアミノ酸やグルタミン酸、テアニンによって甘みや旨味のあるお茶になる。カテキン等の成分が薄いのでクリームダウンしにくい。

分量（例1）
●アールグレイ
茶葉10g、水（軟水）1050g
分量（例2）
●玉露
茶葉20g、水（軟水）1100g

＊仕上がり量はどれも約1ℓ。

淹れ方
① ティーバッグに茶葉を詰める。
② 蓋付きの清潔な容器に、茶葉と水を入れる。
③ 蓋をして冷蔵庫で8〜10時間置く。
④ エキスが抽出されたら茶葉を取り出す。

2 ティードリンクの構成パーツ フルーツや牛乳などの 割材

　「割材」とは、ベースのお茶と合わせることで味のバリエーションをつけ、ベースのお茶を引き立てたりまろやかにしたり、複雑みを出したり、また、ドリンクを層にしたり飲み進むにつれて味に変化をつけることができる役目を果たすものです。割材の使い方によって、ティードリンクがお店のオリジナルになります。

　お茶の香りの強さはバラエティーに富みますが、味覚的には強いものが少なく、それゆえにさまざまな割材と相性がよいのです。香りが強い素材を合わせてしまうとお茶の香りを感じなくなってしまい、お茶を合わせる意味がなくなります。香りの相性で合わせると、ベースのお茶と割材の組み合わせはうまくいきます。

●割材の定番「牛乳」

　世界各国で流行っているミルクティーですが、お茶と牛乳は相性がよく、昔から楽しまれている伝統あるものです。アールグレイは柑橘のベルガモットの香りや果皮を添加しているため牛乳と合わせると分離する可能性もあるものの、味が合わないのではありません。基本的にどのお茶でも牛乳との味の相性はよく、特に苦味が強い抹茶やウバなどは、牛乳に含まれる乳糖の甘みと好相性です。

　ほかにも代表的な台湾茶の東方美人茶はリンゴのような香りなので、リンゴはもちろんのこと、シナモンなどリンゴのスイーツで使われる材料もよく合います。東方美人茶の水色（お茶

の色のこと）は黄色〜オレンジ色で、同系色や赤系の色にドリンクを仕上げるときれいです。

　フルーツや牛乳に代わる割材として豆乳やアーモンドミルクなども使われるようになっており、きちんとお茶を選択すれば魅力的な組み合わせになります。

●フルーツも割材に

　フレッシュフルーツは水分量が多くて変色しないものが扱いやすく、割材にしやすいです。水分量が多いフルーツはコールドプレスジューサーで搾実すると無駄なく搾り汁が取れます。

　粘度のあるフルーツはスムージーに向いています。日持ちが短いフルーツも冷凍保存すればスムージーとして活用できます。フルーツをある程度細かくカットして冷凍し、ブレンダーで攪拌するとスムージーになります。カットして冷凍したフルーツはシロップ漬けにしてもよいでしょう。ただし柑橘系は果肉が粒状なことから、シロップに漬け込んでも味が移りにくいことを知っておきましょう。

　フルーツをカットする際はそのままドリンクで使用するか、ブレンダーでスムージーにするのかで大きさを考えると使い方が見えてきます。

　ドライフルーツに加工するのも一つの手です。賞味期限が大幅に延びるとに加え、ドリンクの素材や飾りとして使用できるメリットがあります。

割材の役目

- ベースのお茶と合わせることで味のバリエーションをつける
- ベースのお茶を引き立てたり、まろやかにする
- ドリンクに複雑みを出し、飲み進むにつれて味に変化をつける
- ドリンクを層にしたり、見た目の演出ができる
- 使いこなせばオリジナリティの高いドリンクが作れる

割材いろいろ

牛乳、豆乳、ココナッツウォーター、エスプレッソ、乳酸菌飲料、甘酒、アルコール類、フルーツなど

＊アルコールがベースのティードリンクの場合は、お茶が割材になる

使用の一例

◉ウーロン
ミルクティー
> P.66
割材:牛乳
ベース:台湾茶
「凍頂烏龍茶」

◉ダージリンソイ
ミルクティー
> P.73
割材:豆乳
ベース:紅茶
「ダージリン」

◉グレープ
東方美人
> P.99
割材:種無しブドウ
（赤、緑）
ベース:台湾茶
「東方美人茶」

◉クワトロシトラス
＆ダージリンティー
> P.122
割材:レモン、ライム、オレンジ、金柑
ベース:紅茶
「ダージリン」

◉東方美人
パプリカキウイ
> P.179
割材:パプリカの
搾り汁
ベース:台湾茶
「東方美人茶」

◉ジャスミン梅酒
> P.188
割材:梅酒
ベース:
フレーバーティー
「茉莉花茶」

フルーツを割材とする場合の手法

◉搾実する

水分量が多いフルーツは、コールドプレスジューサーで搾実すると無駄なく搾り汁が取れる。

◉スムージーにする

粘度のあるフルーツはスムージーに向いている。カットして冷凍し、ブレンダーで攪拌する。

◉カットして使う

そのままドリンクで使用する、または、カットしたフルーツはシロップ漬けにしてもよい。

◉ドライフルーツにする

乾燥させることで賞味期限が大幅に伸び、ロスも減らせる。ドリンクの素材や飾りとしても活用可能。

【MEMO】
あると便利、フードドライヤー

野菜や果物を乾燥させる機械。電子レンジサイズのものから大きなものまでさまざま。ベーコンをストロー状に乾燥させるなど、フルーツ以外でも応用がきく。

ティードリンクの構成パーツ
ソース・シロップ

シロップとは濃い砂糖水、または果汁に砂糖を加えた砂糖果汁のことをいいます。ソースとは液状またはペースト状のものです。本書ではサラサラの液体をシロップ、濃度がありとろみのある液体をソースとしています。とろみがあるソースは器の内側に塗り付けるなど、演出効果の高いデコレーションパーツとしても使用できます（P.54）。シロップのようなサラサラの液体ではできません。

●ソース・シロップの役割

ドリンクに甘みやコク、色を足すことのできるソースとシロップ。ドリンクと割材のみだと味が薄くなりやすく、割材を多くするとお茶の味わいが弱くなります。フルーツとドリンクを合わせた場合、フルーツを大量に入れると液体がドロドロになり飲みにくくなることも。そこで、フルーツの代わりにソースやシロップを足し、バランスを取りやすくします。

既製品のシロップばかりを使うと、どこのお店も同じ味になってしまいます。すべてのドリンクに手作りのシロップを使うと手間がかかりますが、おすすめ商品や季節の商品に使うと効果的です。人気のティードリンクショップでは、添加物を使わない無添加のドリンクをうたっているところもあり、そうしたお店はシロップにも既製品は使いません。既製品には香料やビタミン、安定剤など添加物が入っていることが多いためです。

●おもな材料と傾向

三温糖、黒糖などのシロップはドリンクに甘みを加えるために使用します。三温糖シロップは、ティーショップではドリンクに甘みをつける定番の存在。黒糖は香りがあるため、黒糖と相性のよいドリンク（黒糖ミルクティーなど）に使用します。

フルーツ系のソース・シロップはフルーツのコクを増したいときや、色を濃く見せたいときに使います。新鮮なフルーツを使うと時期や種類によっても味が変わります。旬のフルーツは、酸味と甘さのバランスが取れていて、香りがよいものです。季節とともに変化する味わいも、ドリンクとともに楽しんでもらえます。また、「この時期にしか飲めない」という限定感が購買意欲につながります。

フルーツ以外の材料にはチョコレートや抹茶などがあり、ドリンクの骨格を作り、メインの味となります。これらのソースを割材と合わせることでティードリンクが完成します。チリシロップなどのスパイスを使ったものや茶葉を使ったティーシロップは、ドリンクに香りと甘みを加える役割を持ちます。少量でも豊かな香りがドリンクに加わります。

ソース・シロップを作る際には、ドリンクのどの部分に使いたいかを考えると、香り、甘み、色にあう食材をセレクトしやすくなります。その食材と糖分とのバランスがとれれば、ソース・シロップ作りは上手くいきます。

ソース・シロップ作りのエッセンス

◉**材料の分量について**
本書ではソース・シロップの材料はすべて「作りやすい分量」で記載。そのため仕上がり量はそれぞれ異なる。

◉**作ったソース、シロップの消費期限と保管方法**
冷蔵庫で数日は持つが早めに使用すること。火入れをしっかりする、糖度を上げると日持ちはするが、フレッシュ感が弱くなるのでおすすめしない。大量に作った際は、1日に使う分以外は小分けにして冷凍すると1カ月以上持つ。

【砂糖系シロップ】 甘みづけの定番

三温糖シロップ

ティーショップでドリンクに甘みをつけるための定番シロップ。グラニュー糖よりもコク深いシロップで、煮溶かすだけで簡単にできる。

材料 三温糖(パウダー)500g、水350g

黒糖シロップ

黒糖タピオカのドリンクに甘みをつけるシロップ。黒糖シロップにタピオカ粉やタピオカの煮汁を入れてとろみをつけることもできる。

材料 黒糖(パウダー)500g、水350g

三温糖シロップと黒糖シロップは同じ作り方

作り方
① 鍋に材料を合わせて中火にかけ、砂糖(パウダー)を溶かす。
② 火からおろし、冷ます。

【スイーツ系ソース・シロップ】 ドリンクの骨格&メインの味となる

抹茶ソース

石臼挽きの抹茶は粒度が細かいためソースにしてもザラつきがなく、なめらかに仕上がる。
使用例> P.67、143、144、177、181

材料 抹茶(石臼挽き)15g、お湯(75℃)135g
作り方
① 容器にお湯と茶漉しでふるった抹茶を入れてかき混ぜ、蓋をしてそのまま5分間蒸らす。
② 氷をはったボールの上で冷やし、ハンドブレンダーで攪拌する。

チョコレートソース

ほろ苦さを出すためにココアとグラニュー糖を使用したシンプルなソース。自家製は甘さを自由に変えられる点も魅力。
使用例> P.156、161、162、163

材料 ココアパウダー200g、グラニュー糖200g、沸騰したお湯400g
作り方
① 材料を容器に入れ、ハンドブレンダーで攪拌する。

ホワイトチョコレートソース

クーベルチュールホワイトチョコレートと牛乳だけのシンプルで香り高いソース。チョコが固まったら温かいところにおいてゆるめる。

使用例> P.143、161

材料 ホワイトチョコレート（クーベルチュール*）400g、牛乳600g
作り方
① 鍋にホワイトチョコレートと牛乳を合わせて中火にかけ、混ぜる。チョコレートが溶けたら火からおろし、冷ます。

＊製菓用のカカオバター含有分の高いチョコレート。

生キャラメルソース

ハチミツやバニラのような独特の香りが特徴。カソナードで作った生キャラメルは甘すぎず、深い味わい。

使用例> P.145

材料 カソナード*500g、生クリーム（乳脂肪分42%・沸騰させる）500g、水適量
作り方
① 鍋にカソナードと水を入れて混ぜ、シロップ状にしてから中火にかける（写真①）。
② 全体が煮立ってきたら、かき混ぜずに鍋を揺すりながらさらに煮詰める。フツフツと全体が煮えて飴状になり、さらに煮詰めていくと、黄色から茶色に色づいてくる（写真②）。
③ キャラメルの焦げた香りがし、泡が大きくなりはじめたら火を弱め、好みの色になる手前で火からおろし、余熱で色を入れる（写真③）。
④ 沸騰させた生クリームを3回程度に分けて少しずつ静かに加え混ぜる。勢いよくそそぐとキャラメルが飛ぶので注意（写真④、⑤）。
⑤ しっかりと混ぜ合わせ、なめらかになったら完成（写真⑥）。

＊サトウキビの搾り汁を煮詰めたブラウンシュガー。

チャモイソース

甘み、辛味、酸味のバランスのとれたメキシコの不思議な甘酸っぱいソース。日本の梅干しから生まれたという説もある。

使用例> P.128、130、132、134

材料 モリータチリ*2本、ライム果汁120g、ザクロシロップ（P.38）60g、梅ペースト（赤色）50g、アプリコットのピュレ250g、きび砂糖75g、ピンクソルト（粉末）2.5g

作り方

① モリータチリを半分にカットして種を取り出し、ライム果汁に半日漬けてふやかす。

② ブレンダーにすべての材料を入れ、モリータチリがペーストになるまで長めに撹拌する。

 ＊メキシコの乾燥唐辛子の一種。

チリシロップ

シナモン、カルダモン、クローブ等の香り高いスパイスを煮込んでエキスを抽出したシロップ。チリとは混合香辛料の意味。

使用例> P.162

材料 赤唐辛子4本、シナモンカッシャ8g、カルダモン（ホール）24個、クローブ（ホール）12個、スターアニス2個、水350g、グラニュー糖180g

作り方

① 鍋にグラニュー糖以外の材料を合わせて中火にかける。沸騰したらグラニュー糖を加え混ぜ、溶かす（写真①②）。

② そのまま5分間煮出して火を止め、蓋をし、常温で冷ます。冷ますことによりエキスが抽出されやすくなる。

③ スパイスを入れたまま冷暗所で保存する。

マサラチャイシロップ

インド式に甘く煮出したミルクティーを簡単に作れるシロップ。マサラとは香辛料を混ぜ合わせた混合香辛料のこと。

使用例> P.185

材料 ウバ（茶葉）60g、クローブ（ホール）30個、カルダモン（ホール）60個、シナモンカッシャ20g、スターアニス10個、ローリエ10枚、黒粒コショウ50粒、三温糖500g、ショウガ（スライス）100g、水1kg

作り方

① 鍋にショウガと水以外の材料を入れ、香りが出るまでから炒りする。

② 別の鍋に①とショウガ、水を合わせて中火にかけ、半量になるまで煮詰める。

③ ②を漉す。ここで液体が500g以下に減っていた場合は水を足し、500gに調整する。

④ 三温糖を加えて溶かし、冷ます。

ジンジャーシロップ

フレッシュなショウガと三温糖を使用したシロップ。シンプルにすることでドリンクに合わせやすく、アレンジがしやすくなる。

使用例> P.43

材料 ショウガ400g、きび砂糖400g、水800g

作り方

① ショウガは洗って水分を拭き取り、皮ごと2mm厚さにスライスする。

② 鍋にショウガを入れてきび砂糖をまぶし、水分が出てくるまで30分以上そのままおく。

③ ②に水を加えて中火にかけ、沸騰したら弱火にし、アクを取りながら約20分間煮る。

④ 火を止め、そのまま冷ます。スライスしたショウガごと瓶や密閉容器に入れて保存する。

英徳紅茶シロップ

甘く味わいが濃厚なのに渋みが少なく、さわやかな香りの英徳紅茶を煮出してシロップに。

使用例> P.164、166

材料 英徳紅茶(茶葉)20g、水300g、グラニュー糖200g

ジャスミンシロップ

茉莉花茶を煮出して作ったシロップは後味がすっきり。緑茶のさわやかな渋味と上品でフローラルな甘い香り。

使用例> P.182

材料 茉莉花茶(茶葉)20g、水300g、グラニュー糖200g

アールグレイシロップ

甘さと苦さ、さわやかさをあわせ持つフレッシュな柑橘類の香りのアールグレイを煮出してシロップに。

使用例> P.160、176、183、184

材料 アールグレイ(茶葉)20g、水300g、グラニュー糖200g

英徳紅茶シロップ、ジャスミンシロップ、アールグレイシロップは同じ作り方

作り方

① 鍋に茶葉と水を合わせて強火にかける。沸騰したら弱火にし、3分間煮出す(写真①)。

② ①を茶漉しで漉す。ここで液体が200g以下に減っていた場合は水を足し、200gに調整する。

③ グラニュー糖を加え溶かす(写真②)。

写真は英徳紅茶シロップの場合。

材料にピュレを使うか、フレッシュフルーツから作るかは仕上がりイメージや店のスタイルによって考える。フレッシュフルーツはおいしいが手間がかかる。ピュレは手間が省けて簡単。それぞれのメリットを活かしたい。

☞ピュレを使う場合：基本の作り方

① 鍋にピュレとグラニュー糖、レモン果汁*の半量を合わせて中火にかけ、沸騰直前まで温めてグラニュー糖を溶かす。

② 火からおろして残りのレモン果汁を加え、氷をはったボウルの上で冷やす。

*レモンの持つクエン酸には発色効果もあり、加えることでフルーツ本来の色が引き出されるが、熱処理をすると香りと酸味が飛ぶ。そのためレモン果汁の半量は、風味を補うために加熱後に加える。

イチゴソース

甘み、酸味、発色のよい赤色は冬のドリンクの定番。ソースを使うことで、イチゴの風味をより強く打ち出すことが可能になる。

使用例> P.74、134、151、178

材料　イチゴのピュレ（無加糖）200g、グラニュー糖150g、レモン果汁10g

ピーチソース

桃は変色しやすいが、ピュレを使うことで淡いピンク色が保持できる。アレンジしやすいソース。

使用例> P.83、85、104、195

材料　白桃のピュレ200g、グラニュー糖150g、レモン果汁10g

ライチソース

芳醇な香りと強い甘みが特徴。白色なのでドリンクのアレンジがしやすく、フローラルな香りのお茶と相性良好。

使用例> P.103、194

材料　ライチのピュレ200g、グラニュー糖150g、レモン果汁10g

フランボワーズソース

甘酸っぱく、きれいな赤色。香りは弱いのでドリンクの脇役として重宝する。

使用例> P.163、175

材料　フランボワーズのピュレ200g、グラニュー糖150g、レモン果汁10g

パッションフルーツソース

南国系のフルーツの中では酸味が強く、芳醇な香りが特徴。フルーティーなお茶と合わせればより香りが楽しめる。

使用例> P.84、114

材料　パッションフルーツのピュレ200g、グラニュー糖150g、レモン果汁10g

洋梨ソース

香りも甘みも強い洋梨は、フレッシュだと変色しやすいが、ソースにして使えばドリンクに取り入れやすくなる。

使用例> P.101

材料　洋梨のピュレ200g、グラニュー糖150g、レモン果汁10g

青リンゴソース

酸味が強く、さわやかな香りが特徴。フルーティーなお茶との相性がよいソース。

使用例> P.108

材料　青リンゴのピュレ200g、グラニュー糖150g、レモン果汁15g

ピンクグレープフルーツシロップ

苦みと酸味は少なめで甘みがやや強く、果肉がほんのりピンク色のグレープフルーツのシロップ。甘めのフルーティーなお茶と合わせるとバランスがよい。

使用例> P.94、110

材料　ピンクグレープフルーツのピュレ200g、グラニュー糖150g、レモン果汁15g

【フルーツ系ソース・シロップ】

☞フレッシュフルーツを使う場合:基本の作り方

① フルーツの皮や種を取り除き、コールドプレスジューサー(P.60)の投入口に入る大きさにカットして下準備をする。下準備したフルーツをコールドプレスジューサーで搾汁し、分量の果汁を用意する。

② 鍋に①とグラニュー糖、レモン果汁(P.37同様、発色のため)の半量を合わせて中火にかけ、沸騰直前まで温めてグラニュー糖を溶かす。

③ 火からおろして残りのレモン果汁を加え、氷をはったボールの上で冷やし、茶漉しで漉してアクを除く。

*フルーツによっては微妙に工程が違うので注意。

写真はスイカソースの場合。

基本の作り方で作った
フレッシュフルーツの
ソース・シロップ

イチジクソース

酸味とクセがなくあっさりとした甘さが、発酵していないお茶や紅茶と合わせやすいソース。
使用例> P.93

材料 イチジク(搾汁したもの)200g、グラニュー糖150g、レモン果汁10g

はっさくシロップ

甘くすっきりとした酸味と、ほのかな苦味のバランスのよさでアレンジしやすいシロップ。
使用例> P.92、113

材料 はっさく(搾汁したもの)200g、グラニュー糖150g、レモン果汁20g

柿ソース

甘みと粘度が強くとろみがある。香りに特徴があまりないため、さまざまなお茶と合わせやすい。
使用例> P.95

材料 柿(搾汁したもの)200g、グラニュー糖80g、レモン果汁10g

ザクロシロップ

淡白でほのかな甘みがあるザクロは、さわやかで華やかな香りが特徴。可食部が少ないためシロップにすると使いやすく、トッピングとしても便利。
使用例> P.35、97

材料 ザクロ*(搾汁したもの)100g、グラニュー糖50g、レモン果汁10g

*ザクロは皮をむいて実を取り出してからコールドプレスジューサーに入れる。

パイナップルソース

甘酸っぱい味と芳醇で独特の香りが特徴。糖度が高くソースに好適。
使用例> P.115、132

材料 パイナップル(搾汁したもの)200g、グラニュー糖150g、レモン果汁10g

【MEMO】

パイナップルにはブロメラインというタンパク質分解酵素が含まれていて、この酵素が乳製品のタンパク質を苦味のあるペプチドに分解してしまうため、乳製品との相性が悪い。使用の際は注意が必要。

作り方がそれぞれ異なるソース・シロップ

スイカソース

スイカは種が多く繊細な味なのでシロップにすると使いやすく、本来の味わいの表現が可能に。
使用例> P.98、118、130

材料 スイカ（搾汁したもの）200g、グラニュー糖120g、レモン果汁20g
作り方
① スイカの果肉から種を取り除き、コールドプレスジューサーの投入口に入る大きさにカットし、コールドプレスジューサーで搾汁し、分量の果汁を用意する。
② 鍋に①とグラニュー糖、レモン果汁の半量を合わせて弱火にかけ、1/3量になるまで煮詰める。
③ 火からおろして残りのレモン果汁を加え、氷をはったボールの上で冷やし、茶漉しで漉してアクを除く。

レモンソース

レモンの果汁を使用したソースは甘酸っぱさを足したいときに重宝。柑橘類は粒が集まった房状のために果汁が出にくいものの、搾ってシロップにすることで使いやすくなる。
使用例> P.82、85、86、98、100、105、107、172、175、183

材料 レモン（搾汁したもの）100g、グラニュー糖100g
作り方
① 皮をむいたレモンをコールドプレスジューサーで搾汁し、茶漉しで漉して分量の果汁を用意する。
② 鍋に①とグラニュー糖を合わせて中火にかけ、沸騰直前まで温めてグラニュー糖を溶かす。
③ 火からおろし、氷をはったボールの上で冷やし、茶漉しで漉してアクを除く。

マンゴーソース

甘みと粘度のあるマンゴー。フローズンやスムージースタイルのドリンクに使用すると、ほどよいとろみがつけられる。
使用例> P.82、117、128

材料 マンゴー（搾汁したもの）200g、グラニュー糖80g、ライム果汁*20g
作り方
① マンゴーの皮をむき、半量のライム果汁とともにブレンダーで撹拌する。
② 鍋に①とグラニュー糖を合わせて中火にかけ、沸騰直前まで温めてグラニュー糖を溶かす。
③ 火からおろして残りのライム果汁を加え、氷をはったボールの上で冷やす。

*ライムを半分にカットしてスクイーザーで搾り、漉し網で漉したもの。

[MEMO]
グラニュー糖の分量の目安

- ⦿ **酸味が強いフルーツ**：グラニュー糖はフルーツの重さと同量が目安。
- ⦿ **酸味がそこまで強くないフルーツ**：グラニュー糖はフルーツの重さの半量が目安。
- ⦿ **甘みが強いフルーツ**：グラニュー糖はフルーツの重さの1/4量が目安。

これらはフルーツのブランド、収穫時期、熟度によって変わってくる。同じ糖度に仕上げるなら糖度計で決められた糖度で作る方法もあるが、フルーツの旬をより感じてもらうため、あえて糖度を合わせない方法がおすすめ。

ほかにこんなシロップも

梅シロップ

青梅を漬け込んで作る香り豊かなシロップ。甘酸っぱい味わいはフルーツと好相性。
使用例> P.88

ティードリンクの構成パーツ

トッピング

トッピングは大きく2つのタイプに分けることができます。1つ目はドリンクと一体化するトッピング。2つ目に食感が加わるトッピングです。トッピングをすることで、ドリンクの味と見た目にアクセントをつけられます。

トッピングの役割は、今まではデコレーションや食感を足すことでした。それに加えてドリンクと合わさることで味の変化を楽しめたり、トッピングを食べながらドリンクを飲むことでマリアージュが完成する"ドリンクの一部"へと変化しています。

●ドリンクと一体化するタイプ

ドリンクと一体化するトッピングとしてはホイップクリーム、ミルクフォームなどのクリームやフォームなどがあり、これらはドリンクと混ぜて飲むことで、新しいテイストに変わります。近年ではチーズフォームやエスプーマを使用したフォームドリンクが誕生し、人気が高くそれぞれのおいしさがあります。チーズフォームに使用するチーズは発酵食品であるため、同じく発酵しているお茶との相性は良好です。

エスプーマはいろいろな味を泡やフォームにできるので、ドリンクとの香りや味覚のバランスを作れる点が魅力です。ガストロノミーの世界では当たり前に使用されているエスプーマは、使い方によって味と色彩にさまざまな変化を与えることができます。

そのほか、お客さまの目の前でパフォーマンスするライブ的な要素として、ドリンクにスモークをかけたり、シャボン玉にスモークを閉じ込めてドリンクにのせ、スモークの香りを移すというような楽しみ方も生まれています。

●食感を加えるタイプ

一方、タピオカなどは食感を出すトッピングです。ドリンク＝飲むという概念から進化し、飲みながらストローで吸って食べる「スイーツドリンク」というジャンルが登場しました。その代表がタピオカです。タピオカは三温糖などのシロップ漬けが主流でしたが、タピオカに黒糖を練り込んだり、まぶしたりした黒糖タピオカが生まれたことでさらに多様になっています。タピオカの芋バージョンも出てきました。

ナタデココはココナッツの発酵食品で、あっさりしたクセのない香りはフルーツティーに合わせやすく、再ブレークしています。フルーツはカットして入れると、ストローで吸いながら食感を楽しめるようになります。トッピングとして使用するフルーツに、特にルールはありません。ストローで吸えるサイズだとストローだけですみますし、大きくカットしたものにはフォークとロングスプーンをつけて提供します。

海外では別のジャンルのものを合わせた「ハイブリッド」（異なる要素を組み合わせたもの）ドリンクも誕生しました。「ハイブリッド」な"飲む＋食べる"ドリンクの進化系としては、ドリンク＋かき氷の組み合わせがあります。ドリンクとして飲むことに、かき氷を食べる要素を加え、さらに混ぜ合わせることで新しい味に変化します。コーヒーフロートやクリームソーダに近い考えです。アイスクリームだと甘くなりすぎますが、かき氷ならさっぱりと仕上がり、見栄えもよく華やか。そのほか栗や紫イモなどのペーストをのせたモンブランドリンクもあり、こっくりとしたおいしさです。

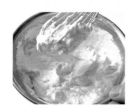

ホイップクリーム

ドリンクのトッピングとして使う場合は、かための九分立てに。ソフトクリームのように絞り出したり、アイスディッシャーで丸くくり抜いてのせる際に保形しやすい。また、ドリンクと混ぜ合わせてクリーミーに仕上げるなど、味の変化にも役立つ。

使用例＞ P.120、148、152、156、157、163

材料［仕上がり約220g］生クリーム（乳脂肪分42％）200g、グラニュー糖20g
作り方
① ボウルに生クリームとグラニュー糖を合わせ、氷をはったボールの上で冷やしながら、空気を入れないようにホイッパーまたはハンドミキサーで撹拌する。
② 泡立て器ですくうと、かたくしまったツノがしっかりと立つような状態（九分立て：写真）にする。
消費期限の目安 冷蔵保存で24時間。

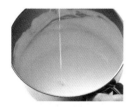

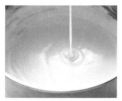

ミルクフォーム

生クリームとグラニュー糖だけのシンプルな材料で作るフォーム。生クリームは脂肪分によって味わいが変わる。脂肪分が高いと重たく、低いとさっぱりした味わいに。さまざまなフォームを作る際のベースともなる。

使用例＞ P.68、143、146

材料［仕上がり約220g］生クリーム（乳脂肪分42％）200g、グラニュー糖20g
作り方
① ボウルに生クリームとグラニュー糖を合わせ、氷をはったボウルの上で冷やしながら、空気を入れないようにホイッパーまたはハンドミキサーで撹拌する。
② すくうと、とろとろと流れ落ち、流れ落ちた跡がすぐ消える状態（五分立て：写真左上）から、跡が少し積もってから消える状態（六分立て：写真左下）まで立てる。
消費期限の目安 冷蔵保存で24時間。以下のフォーム類はすべて同様。

塩ミルクフォーム

ミルクフォームにミネラル感と、まろやかな味わいのピンクソルトを合わせ、甘みを引き立てたフォーム。

使用例＞ P.151、176

材料［仕上がり約50g］ミルクフォーム50g、ピンクソルト（粉末）1g

ピスタチオクリームフォーム

ミルクフォームに濃厚なピスタチオクリームを混ぜ合わせた、贅沢なクリームフォーム。
使用例＞ P.154

材料［仕上がり約350g］ミルクフォーム300g、ピスタチオペースト（P.44）50g

塩ミルクフォームとピスタチオクリームフォームは同じ作り方

作り方
① 容器に材料を入れて混ぜ合わせる。

【クリーム】

【フォーム】

［フォーム］

チーズフォーム

ミルクフォームにクリームチーズソースを合わせたミルキーなフォーム。ミルクティーはもちろん、フルーツとの相性もよい。

使用例＞ P.82、98、108、112、145、150、161、166

材料［仕上がり約480g］ クリームチーズ100g、グラニュー糖20g、ピンクソルト（粉末）2g、牛乳100g、練乳20g、ミルクフォーム240g

ゴルゴンゾーラチーズフォーム

チーズフォームに、さらにゴルゴンゾーラを入れた濃厚でクセになる味わいのフォーム。

使用例＞ P.164

材料［仕上がり約480g］ ゴルゴンゾーラチーズ50g、クリームチーズ50g、グラニュー糖20g、ピンクソルト（粉末）2g、牛乳100g、練乳20g、ミルクフォーム240g

チーズフォームとゴルゴンゾーラチーズフォームは同じ作り方

作り方
① 常温においてやわらかくしたクリームチーズ（ゴルゴンゾーラチーズフォームの場合は2種類のチーズ）、グラニュー糖、ピンクソルトをボウルに入れ、ゴムベラで混ぜてなじませる。
② 牛乳と練乳を混ぜ合わせて①に少しずつ加え、ハンドブレンダーで撹拌する。
③ ②と同量のミルクフォームを加えて混ぜる。

カスタードフォーム

ミルクフォームにアングレーズソースを合わせたコクの強いフォーム。ミルクやチョコレートと合わせるとスイーツ感が増す。

使用例＞ P.158

材料［仕上がり約150g］ アングレーズソース50g（卵黄2個、牛乳200g、グラニュー糖40g、バニラビーンズ1/3本　左記で作り、50gを使用）、ミルクフォーム100g
作り方
① アングレーズソースを作る。鍋に牛乳と、さやを割いて種をこそげ取ったバニラビーンズのさやと種を合わせて火にかけ、沸騰直前まで温める。
② ボウルに卵黄とグラニュー糖を合わせて白っぽくもったりするまでホイッパーで混ぜ、①を少しずつそいで溶き混ぜる。
③ 鍋に移して弱火にかけ、焦がさないように絶えずヘラで混ぜながら、卵黄に火が通ってとろみがつくまで加熱する（80〜83℃）。
④ 漉してボウルに移し、氷の上で冷ます。アングレーズソースの完成。
⑤ ボウルに分量のアングレーズソースとミルクフォームを合わせ、混ぜる。

【エスプーマ】

エスプーマはすべて同じ作り方

作り方
① 材料をエスプーマのボトル（P.61）に入れ、ヘッドをしめる。
② ガスボンベのバルブを開け、ガスジョイントを注入口に押し込み充填する。ガスボンベにつないで使うので取扱いには注意すること。
③ ガスの音が止まったらガスジョイントを外し、バルブを閉める。
④ ボトルを上下に振る。
⑤ レバーを手前に引きグラスに抽出する。
消費期限の目安 冷蔵保存で24時間。以下のエスプーマもすべて同様。

❶  ❷  ❸

材料の組み合わせ次第でバラエティ豊かに、エスプーマいろいろ

エスプーマ・レモン

甘みの強いフルーツをさっぱりした味わいにしてくれるレモンで、量が多いドリンクも最後までおいしく味わえる。
使用例＞ P.101、106

材料[仕上がり約360g]
水200g、レモン果汁100g、グラニュー糖40g、エスプーマ用フォーム20g

エスプーマ・ユズ

香り高く、ほんのり甘い黄ユズを使用したものは、フローラルな香りのするお茶との相性がよい。
使用例＞ P.182

材料[仕上がり約400g]
水200g、ユズ果汁100g、グラニュー糖80g、エスプーマ用フォーム20g

エスプーマ・ジンジャー

ピリッとスパイシーな、香りの強いジンジャーシロップから作ったエスプーマは、レモン系のドリンクと合わせるのがおすすめ。
使用例＞ P.183

材料[仕上がり約320g]
水200g、ジンジャーシロップ（P.36）100g、エスプーマ用フォーム20g

【MEMO】
ドリンクと一体化するトッピング、進化系

ドリンクにスモークをかける手法はお客さまの目の前で仕上げることで、ライブ感たっぷりの演出が可能。ドリンクの付加価値や特別感が高まる。

◉**バブルフレーバー・ウイスキーオーク**（P.190）
スモークガンでウイスキーオークを焚き、そのスモークをシャボン玉に閉じ込めた。液体に落とすことにより香りが移りライブ感も楽しめる。

◉**スモーク・桜**（P.108）
スモークガンで桜チップを焚き、そのスモークを直接液体に吹きかけることによりドリンクに香りが移る。蓋を開けるとスモークがあふれ出す。

【ペースト・あん類】

黒ゴマペースト

黒ゴマを粉砕し、メランジャーで半日以上かけてすり潰したなめらかで口溶けのよいペースト。

使用例＞ P.148

材料 黒ゴマ適量*
作り方
① 電動粉末ミルに黒ゴマを入れ、粉末状になるまで粉砕する。
② メランジャーを作動させて①を入れ、なめらかになるまで攪拌する。
消費期限の目安 冷蔵保存で約1週間。

ピスタチオペースト

ピスタチオを粉砕し、メランジャーで半日以上かけてすり潰したなめらかで口溶けのよいペースト。

使用例＞ P.163

材料[仕上がり約80g] ピスタチオ100g、水300g
作り方
① 鍋にピスタチオの3倍量の水を入れて火にかけ、沸騰させる。
② ピスタチオを入れ、軽く混ぜて約15秒間ほどゆで、火からおろしてザルにあけ、水を切る。
③ 大きなバットに②をくっつかないように広げ、粗熱をとる。
④ 一粒ずつつまんで皮をむき、フードドライヤーに入れて40℃で乾燥させ、水分を飛ばす（自然乾燥も可）。
⑤ 乾燥したら電動粉末ミルに入れ、粉砕して粉末状にする。
⑥ メランジャーを作動させ、⑤を入れなめらかになるまで攪拌する。
消費期限の目安 冷蔵保存で約1週間。

焼きイモペースト
（P.164）
紫イモペースト
（P.166）
甘栗
モンブランペースト
（P.152）
黒ゴマあん
（P.148）

**ペースト・
あん類に
ついて**
ナッツやゴマのペーストは液体に溶かすことで濃厚でリッチな味わいになる。濃度があるため、あらかじめ混ぜ合わせておかないと溶けにくくなる。イモなどのペースト類やあん類はドリンクに溶かして味を変化させたり、スイーツのように絞って見た目に豪華にしたりと、演出効果が高い。

【MEMO】
ハイブリッドなトッピング

飲むことに"食べる"ことが加わったハイブリッドドリンク。栗や紫イモのペーストをのせたモンブランドリンクなどがあるが、新たなるトッピングとして雪花冰にも注目したい。雪花冰は専用のかき氷機（P.61）で削ったフワフワとした雪のような見た目と繊細な舌触りが特徴。本書ではスイカ雪花冰（P.140）、オレンジ雪花冰（P.142）が登場する。

グレープフルーツゼリー

フレッシュなグレープフルーツの果汁に果肉をたっぷり加えたフルーティーなゼリー。寒天で固めているので、喉ごしがよい。

使用例> P.94

材料[仕上がり約1400g] グレープフルーツ(搾汁したもの)＊400g、粉寒天7g、水360g、グラニュー糖360g、グレープフルーツ(一房ずつ果肉を切り出す)400g(約1個分)
作り方
① 鍋に粉寒天と水を合わせ、木ベラで混ぜながら中火にかける。沸騰したら火を弱め、静かに煮立つ程度の火加減にして2分間ほど煮る。
② 別の鍋に、グレープフルーツ(搾汁したもの。レモンゼリーの場合はレモン果汁)とグラニュー糖を合わせて中火にかけ、30～40℃まで温める。
③ ①に②を加え、氷水を入れたボウルの上に置き、ゴムベラで混ぜながら急冷する。
④ とろみがついてきたらグレープフルーツの果肉を加え(レモンゼリーの場合は何も加えない)、水でぬらした容器に流し入れ、常温まで冷めたら冷蔵庫で冷やし固める。

＊グレープフルーツは皮をむき、投入口に入る大きさにカットしてコールドプレスジューサー(P.60)で搾汁し、分量の果汁を用意しておく。

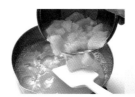

写真はグレープフルーツゼリーの④の様子。

レモンゼリー

レモン果汁を使って酸味をきかせたゼリー。かために仕上げて食感のアクセントになるように作っている。

使用例> P.105

材料[仕上がり約600g] 粉寒天4g、水400g、レモン果汁150g、グラニュー糖150g
作り方
作り方はグレープフルーツゼリーと同じ。最後にゼリーが固まったらフォークで細かくして使用する。

【MEMO】
フルーツと凝固の関係

酸味が強い柑橘類やペクチンを多く含む生のフルーツは凝固力が弱い。そのことから寒天で作るほうがかたさを調整しやすい。ストローで吸えるかたさに仕上げるのがベター。

【ゼリー類】

抹茶寒天

まるで抹茶を食べているような濃厚な味わい。苦味を強くすることで甘いドリンクとの相性がよくなる。

使用例> P.67

材料[仕上がり約450g] 粉寒天3g、水150g、牛乳200g、練乳100g、抹茶ソース（P.33）50g

作り方

① 鍋に粉寒天と水を合わせ、木ベラで混ぜながら中火にかける。沸騰したら火を弱め、静かに煮立つ程度の火加減にして2分間ほど煮る。

② 別の鍋に牛乳、練乳、抹茶ソースを合わせ中火にかけ、混ぜながら30〜40℃まで温める。

③ ①に②を加え、氷水を入れたボウルの上に置き、ゴムベラで混ぜながら急冷する。

④ とろみがついてきたら水でぬらした容器に流し入れ、常温まで冷めたら冷蔵庫で冷やし固める。

⑤ スプーンですくって使用する。

ミルクプリン

口の中で溶けるよう柔らかく仕上げた、ミルクの香りがやさしいプリン。

使用例> P.156

材料[仕上がり約480g] 粉ゼラチン9g、水18g、牛乳400g、グラニュー糖40g、練乳40g

杏仁豆腐
（あんにんどうふ）

香りのよい杏仁霜（きょうにんそう）（アーモンドパウダーのこと）を使いなめらかな口溶けに。ドリンクに入れたときにも味わいが引き立つように、通常よりも香りを強く仕上げた。

使用例> P.181

材料[仕上がり約500g] グラニュー糖50g*、杏仁霜30g*、水60g、粉ゼラチン5g、牛乳300g、生クリーム（乳脂肪分42%）100g

＊グラニュー糖と杏仁霜は、あらかじめボウルに入れすり混ぜておく。

ミルクプリンと杏仁豆腐は同じ作り方

作り方

① 粉ゼラチンを分量の水にふり入れて混ぜ、5分間おいてふやかす。必ず水の中にゼラチンを入れること。ゼラチンのほうに水をそそぐと、ムラになってしまうため。

② 鍋に牛乳とグラニュー糖、練乳（杏仁豆腐の場合は、すり混ぜておいたグラニュー糖と杏仁霜、牛乳、生クリーム）を合わせて中火にかけ、温めて溶かす。沸騰させると牛乳の風味が変ってしまうので、沸騰させないこと。

③ 火からおろして①を加え混ぜ、よく混ぜてゼラチンを溶かす。

④ 水でぬらした容器に③を流し入れ、粗熱がとれたら冷蔵庫で冷やし固める。

桜ゼリー

ほんのりピンク色の桜風味ゼリー。アガーを使うことで、繊細な桜の色と香りを活かすことができる。桜の季節のドリンクにぴったり。

使用例> P.151

材料[仕上がり約550g] アガー*8g、グラニュー糖20g、イチゴソース（P.37）50g、桜シロップ150g、水400g

作り方

① 容器にアガーとグラニュー糖を合わせて混ぜる。

② 鍋に①と残りの材料を合わせて中火にかける。

③ 沸騰したら火からおろし、氷水を入れたボールの上に置き、ゴムベラで混ぜながら急冷する。

④ とろみがついてきたら水でぬらした容器に流し入れ、常温まで冷ましたら冷蔵庫で冷やし固める。

*海藻原料のゼリーの素。

【MEMO】

ゼラチン、寒天、アガー：凝固剤の種類と使い分け

◉ゼラチン

寒天に比べて口溶けがよく弾力性と粘性があるので、柔らかくぷるんとした食感のものに向いている。泡を抱き込む力があり、ふわっと仕上がる。プリンやムース、ババロアにおすすめ。

使用量の目安

ゼラチンは液体の全体量に対して2～2.5%が分量の目安。溶かすときの液体の温度は50～60℃。

◉寒天

ゼラチンに比べて凝固力が強く、少ない量で水分を固められる、歯切れがよく、ふやかしたり裏ごしする時間もなく扱いやすい。

使用量の目安

柔らかめにしたい場合

…粉寒天1g：液体150g

かためにしたい場合

…粉寒天1g：液体125g

◉アガー

ゼラチン、寒天と比べて透明度が高く仕上がり、素材の色を活かせる。食感はゼラチンと寒天の間くらいで、常温でも崩れにくく無味無臭のため素材の味がストレートに出る。

使用量の目安

液体の全体量に対して1～2%程度を90℃以上の熱湯で溶かす。

タピオカには生・半生・乾燥タイプなどがあり、ゆで時間はメーカーにより変わる。タピオカはホットで提供する方がモチモチ感はあるが、日本でのタピオカドリンクはアイスのほうが人気。アイスの場合はストローで吸う楽しさもあるのでタピオカがかたくなるのは仕方ない。そのため、タピオカの柔らかさを守るため50～60℃でシロップにからませている状態で保存し、消費時間を守ることが大切となる。タピオカの種類に関わらず、消費期限はゆでた後から約6時間。タピオカをゆでるには専用のタピオカジャー（P.60）を使うのがおすすめだが、鍋でも茹でられる。

【タピオカ類】

三温糖タピオカ

カラメルで金色になるように色づけをされたタピオカは、三温糖シロップやフルーツのシロップと合わせると金色がキープできる。

使用例＞ P.64、160

材料［仕上がり約720g］タピオカ（生タイプ・ゴールド）400g、お湯1200g、三温糖120g

黒糖タピオカ

タピオカに黒糖が練り込んである定番のタピオカ。炊き上がったあとに黒糖をまぶすとさらにコクが増し、香り豊かなタピオカに仕上がる。

使用例＞ P.68、150

材料［仕上がり約720g］タピオカ（生タイプ・ブラック）400g、お湯1200g、黒糖120g

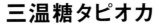
タピオカジャーを使った基本の作り方：本書のタピオカはこの方法で調理

作り方

① タピオカジャーにタピオカの3倍量のお湯を入れ、スイッチを入れる。

② ジャーのお湯が沸騰したら蓋を開け、常温のタピオカを入れて軽く混ぜ、蓋をして再びスイッチを入れる。

③ 再沸騰したら蓋を開け、軽く混ぜて蓋をし、ジャーの自動機能で炊く。

④ 炊き上がったらタピオカをザルにあけてお湯を切り、ジャーに戻し、三温糖（黒糖タピオカの場合は黒糖）を加え混ぜ、全体にまぶす。

消費期限の目安 炊き上がってから約6時間。50～60℃で保存。

＊タピオカは調理前に比べ1.5倍に膨れる。
＊三温糖や黒糖などの砂糖の分量は、ゆでる前のタピオカの重さの0.3倍が目安。

芋丸（紫イモ味・サツマイモ味）

タピオカデンプンにサツマイモを混ぜて作った、ほのかにサツマイモの味を感じるタピオカ。ハチミツと合わせると甘さのバランスがよい。紫イモを使用したものは牛乳と相性がよく、ドリンクの仕上がりもよく見栄えがする。写真は紫イモ味のもの。

使用例＞ P.164、166

材料［仕上がり約430g］芋丸（生/冷凍・紫イモ味・常温に戻す）300g、水1500g、三温糖60g

作り方
① 鍋に芋丸に対して5倍量の水を入れて強火にかけ、沸騰させる。
② ①を強火にかけたまま芋丸を入れ、浮いてくるまで軽くかき混ぜる。
③ 芋丸が浮いてきたら弱火にし、5分間ゆでる。
④ ゆで上がったらザルにあけてお湯を切り、三温糖を加え混ぜ、全体にまぶす。
消費期限の目安 ゆで上がってから約6時間。50〜60℃で保存。

＊芋丸はゆでる前の約1.25倍に膨れる。
＊三温糖の分量は、ゆでる前の芋丸の重さの0.3倍が目安。

【MEMO】

食感いろいろ

タピオカのように食感に特化したトッピングは、ほかにもある。これらは既製品を使用した。

⦿ナタデココ
ナタ菌をココナッツと合わせて発酵させることでできた繊維状の食品。食感も楽しめ、フルーツと合わせることでアレンジの幅が広がる。
使用例＞ P.88、119

⦿白玉
もち米の粉で作られているため、もっちりとした食感が特徴。甘くとろみのあるドリンクと相性がよい。
使用例＞ P.148、157

⦿求肥
白玉粉もしくは餅粉に、砂糖や水飴を加えて練り上げたもので、もっちりとなめらかな食感がクセになる。
使用例＞ P.158

ラムレーズン

ラム酒のアルコールを飛ばしてレーズンを漬け込むことで、アルコールが苦手な人でも食べられるように。
使用例＞ P.154

材料[仕上がり約500g] ラム酒600g、グラニュー糖200g、ドライレーズン400g
作り方
① 鍋にラム酒を入れて中火にかけ、1/3量まで煮詰めてアルコールを飛ばす(約200gになる)。
② ①に同量のグラニュー糖を入れて溶かし、火を止め、常温まで冷ます。
③ ドライレーズンを沸騰させたお湯で20秒間ほどゆで、ザルにあけて水気を切る(湯通し)。
④ ③をフードドライヤーに入れて40℃で乾燥させ、水分を飛ばす(自然乾燥も可)。
⑤ 密閉容器に②と④を入れ、冷暗所で1日以上ねかせてから使用する。
消費期限の目安 冷蔵保存で1週間以内。

焼きリンゴ
(P.192)
ベーコンストロー
(P.196)

香り・味・食感のバランスの取り方

ティードリンクをアレンジするうえで重要なのは香りと味です。ここにフルーツを取り入れたり、スイーツドリンクには食感のアクセントをプラスすることが、最近のティードリンクの傾向です。

●もっとも重要な「香り」

香りは人間の五感の中で唯一、直接大脳辺縁系に働きかけるといわれているため、記憶に残りやすいだけでなく、いろいろな効能が期待できます。おいしいドリンクは香りとともにさらによい記憶として残ります。仕事の合間に毎日飲むことでリラックス効果やストレス緩和、集中力を高めて仕事の効率を上げたりと、おいしいだけでない、それ以上の効果が考えられるのです。

そのためティードリンクにおいては、香りを活かす方法が有効です。香りは揮発性の高い成分ですが、冷たいドリンクは成分が揮発しにくくなることから香りが弱くなります。香りをつけたいときは、仕上げに「香る要素」を入れると、飲んだときに香りを感じやすくなります。温かいドリンクは熱で香りの成分が揮発するのでとても香りを感じやすく、体を温めることでリラックス効果も期待できます。

●味覚はバランスが肝心

香りの次に重要な味覚には、甘み、塩味、酸味、苦味、旨味の5種類の要素があります。これらは五角形になっていて、反対に位置する味覚は相殺します。料理の中に3種類の味覚がバランスよく入っていると、おいしいと感じるとされています。

飲み物も同様で、お茶自体に甘み、苦味があるためほかの味覚を足したり強弱をつけることでバランスが取れます。全部を飲み終わったときにおいしいと感じる量と味のバランスが取れているのがベストです。たとえば少量なのに薄く満足できない、量が多いのに味が濃く、飲みほすまでに飽きてしまうというのは、バランスが取れていない状態です。

●食感で楽しさをプラス

最後にアクセントとしての食感ですが、噛むことにより食べ物の形やかたさを感じることができ、味がよりわかるようになります。もちっとした食感のタピオカや求肥、なめらかな食感のマンゴーや桃、シャリッとした食感のリンゴや梨、カリカリとした食感のキャラメリゼしたナッツやゴマなど多種多様です。

ドリンク自体は液体なので、基本的には濃度をつけることしかできませんが、トッピングを入れることにより食感が生まれて飲む際のアクセントとなり、楽しみが増えます。これまではストローで吸えるサイズのトッピングしか使用できませんでしたが、新たにフォークやスプーンをつけるスタイルのテイクアウト用カップも登場し、それによりトッピングのサイズも自由になりました。

また、噛むことで脳が活性化し、香りと同様に集中力の向上、リラックス効果、ストレスの軽減などの作用も期待できます。ティードリンクは飲むだけでもさまざまな効能がありますが、噛むことがプラスされることでさらに効能がアップします。

理想のバランス：香りを活かし、味でバランスを取り、アクセントで食感を楽しむドリンク

香りを活かす

ティードリンクのなかでもっとも重要な要素は香り。
香りは揮発性の高い成分なので、それを考慮したドリンク作りが肝心。

◎冷たいドリンク

成分が揮発しにくくなるので、香りが弱くなる。
仕上げに「香る要素」を加えることで、飲んだときに香りを感じやすくできる。

例）

◎パパイヤピーチ
　スムージー
> P.85
仕上げに加えた
香る要素：
レモン（スライス）

◎洋梨シトラス
　ジャスミン
> P.101
仕上げに加えた
香る要素：
レモンピール

◎ハニーレモン
　ミントティー
> P.107
仕上げに加えた
香る要素：
ミントの葉
（フレッシュ）

◎温かいドリンク

熱で香りの成分が揮発するので香りを感じやすい。
体を温めることでよりリラックス効果も期待できる。

味のバランス

お茶自体に甘み、苦味があるため、
ほかの味覚を足したり強弱をつけることでバランスが取れる。

反対に位置する味覚は相殺し合う。
（←―――→）

隣に位置する味を少し足すことで、
メインの味をより引き立てる。
（―――――）

例）
・苦みが強いココアに甘みを足していくと、少しずつマイルド
　になり飲みやすくなる。
・スイカ（甘み、酸味）に塩（辛味）を少しふると、甘みと酸味
　が強調されてスイカらしさが際立つ。

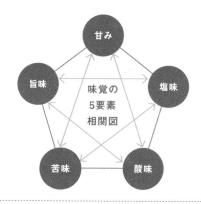

味覚の5要素相関図
甘み／旨味／塩味／苦味／酸味

食感のアクセント

液体であるドリンクに固形物であるトッピングを加えることで、味の変化や食感の
楽しさが生まれる。噛むことで食べ物の形や歯ごたえが感じられ、味が際立つ。

例）

◎キャラメル
　ミルクティー
> P.145
食感：砕いた
ピスタチオと
アーモンドの
カリカリ感

◎玄米茶
　汁粉ラテ
> P.158
食感：求肥の
もちもち感、
玄米の
つぶつぶ感

◎黒糖タピオカ
　ミルクティー
> P.68
食感：黒糖タピオカ
のもちもち感、
キャラメリゼした
砂糖のパリパリ感

ティードリンク作りに対しての基本の考え方

　基本の作り方はグラスに氷を入れ、比重の軽いものからそそぎます。比重とは、同じ体積の物質の質量との比で、糖分が高い液体ほど比重が大きくなり重く下に沈みます。たとえば2層にするなら先に糖分の高い（比重の重い）ものを入れる、混ざった状態にするなら糖分の低い（比重の軽い）ものから入れると混ざりやすくなるなど、比重の違いを活かすことも可能です。比重が近い場合はあまりこだわらずにベースから入れることが多いです。

　水より軽いものは浮きます。塩水、油分、泡（エスプーマなど）、お湯は水分が揮発して上に上がる、スピリッツ（蒸留酒）、または糖分が少ないか入っていない酒類（ワインなど）も浮きます。

　フロートさせるドリンクは、フロート部分が崩れないように氷を先に入れることが重要です。上に浮かべるフロートは最後に入れます。当然下の液体より軽いものをのせます。下の液体と重さが一緒の場合は、下の液体に糖分を入れて重くすると浮きやすくなります。比重が同じくらいならクラッシュアイスを使うときれいに仕上がります。

　ホイップクリームやミルクフォームは生クリームなので油脂が高いため浮きやすく、トッピングする場合はかためのほうが形を保てるのでのせやすくなります。ただ、見た目のためにかたくしすぎると混ざりにくくなり、ドリンクとしておいしくなくなる可能性があるので気をつけます。フロートとは逆に沈めることをドロップといい、氷の前に沈めるものを入れるときれいに仕上がります。

　写真の「抹茶ラテ」はシンプルなフロートさせるドリンクです。グラスに氷を入れ、牛乳をそそぎ、最後にフロートさせる抹茶ソースをそそぎます。抹茶ソースを牛乳に直接そそぐと混ざり合ってしまいフロートがきれいに仕上がりにくくなります。そのため、抹茶ソースをグラスの縁や氷に当てながら静かにそそぐことが重要です。

【MEMO】
ティードリンク作りのエッセンス
◉ドリンク作りの用語
・フロート：浮き、浮くという意味で、一番上に浮かせること。例）ホワイトミルクティー（P.64）、ウーロンミルクティー（P.66）、ほうじ茶ミルク（P.70）など
・ドロップ：沈めること。例）マンゴーパッショングリーンティー（P.84）、グレープフルーツゼリーティー（P.94）、桜ピーチティー（P.151）など
◉ホットドリンクの温度
ホットドリンクは人間の体温＋25℃がおいしいと感じる温度。そこから季節や好みにより5℃ほど変える。60〜65℃で調整すること。

グラスに対しての量の考え方

ティードリンクにはいろいろな材料が入ります。材料によってg、ml、ccなど単位が異なり、さまざまな道具で計量する必要があると思われるかもしれませんが、すべてgで計量することで味のブレが少なくなります。本書のレシピはすべてgで表記しています。

最初に氷を入れることが多いのは、氷の量で液体の量（ドリンクの分量）が変わるためです。氷のグラスに対しての詰まり方で、同じグラスでも入るドリンクの分量が変わります。①キューブ氷 → ②かち割り氷 → ③クラッシュアイス → ④グラスぴったりに仕上げた氷（オン・ザ・ロックに使用する丸氷など）の順に、グラスに入るドリンクの分量が①多い→④少ない、となります。

同じ種類の氷を使い同じ量の液体をそそいでも微妙に仕上がりの見た目が異なります。それは氷が同じ形をしていないからです。製氷機のキューブアイスも、製氷したてと溶け出した状態で違います。氷の入り方でも変わるので、ベースのお茶や割材で微調整することも必要です。氷の冷え方、溶け方によって味わいも変わります。

●美しく仕上がるライン

仕上がりの見た目は、グラスの縁から指1本（約1cm）下までがきれいに見えるラインです【写真①】。グラスになみなみと入っていると美しくないだけでなく、こぼすリスクがあります。ただし、最後にフォームをトッピングする場合は、フォームは粘度がありストローで混ぜて飲むことが前提なので、グラスの縁ギリギリに仕上げることが多くなります。

ドリンクを作る際は、グラス縁から指1本下のラインまで液体を入れて、その半分の量が氷の分量になりますが、同じ容量のグラスでも形によって液体の量が変わります【写真②】。グラスが舌に当たる角度が最初の印象を決定します。そのためグラスを傾けて飲むときに舌に液体が口に当たりやすい最小の角度を考えますが、それがグラスの縁から指1本下のラインです。

●グラスで変わる感じ方

グラス選びも重要です。グラスの材質、薄さでも味わいの感じ方が変わります。薄いものは鋭利に感じ、厚いものはまろやかに感じます。背の高いものはさわやかに感じるためフルーツドリンクに最適で、背の低いグラスはもったりとした印象になるため、甘いドリンクに向きます。

径が広いグラスは飲み口が広い分だけ香りが鼻に伝わりやすく、径が狭いグラスは味と香りがともに一気に口中に流れ込んでくるため非常にシャープに感じられます。ワイングラスのような、先がすぼまっているグラスは香りが閉じこもりやすく、径が広いため口中全体に味と香りが広がり、とくにコクと旨味が際立ちます。また、グラスに入れた際の液体に厚みが出るため、色が濃く見えます。

約1cm

液体が入らないスペース

約1cm

約1cm

液体

液体

＜

【写真②】

【写真①】
グラスの縁から指1本（約1cm）下が、液体の量の基本ライン。

このグラスはどちらも同じ容量。グラスの縁から指1本（約1cm）下まで液体をそそいだ場合、縁が広がっているグラス（左）は液体が入らない部分の体積が多くなるためトータルの液体の量は少なくなり、底から縁まで形状が一定のストレートのグラス（右）のほうが液体の量が多くなる。

デザインと演出のテクニック

ドリンクは料理やスイーツと違い見た目がシンプルです。トッピングでデコレーションすることで「華やかさ」が加わり、さらに「香り」「甘み」もプラスされてワンランク上の仕上がりになります。

オーソドックスなスタイルではグラスの中に柑橘類の輪切りなどを飾る方法がありますが、ただ飾るのではなく、そのドリンクに入れるとおいしくなるものを入れることが重要です。たとえばレモネードは通常ならレモンのスライスを飾りますが、ドリンクの黄色が映えるようにとライムのスライスを飾ったとします。そうすると色合いはきれいになりますがレモネードに苦味がついてしまいます。見た目だけを考えるとドリンクのコンセプトからずれたり、味のバランスが崩れたりします。ドリンクの材料と同じ食材を飾るのが基本です。

味のアクセントで入れるなら液体の中に入れます。液体の中に入れる手法の一つとして、柑橘を輪切りにしてグラスの内側の側面に貼り付ける方法がありますが、これなら味だけでなく見栄えのアクセントにもなります。コツとしてはスライスのカットを厚くするとグラスに張り付かないので薄くスライスすること、また水分量が多いと張り付きにくくなるためキッチンペーパーなどで水分を拭き取ってから貼り付ける

と側面にピッタリ付きます。

タピオカやストローで吸える大きさにカットしたフルーツを入れる場合は、「氷を入れる前に入れる」「氷と交互に入れる」「すべての材料を入れた後に上にのせる」などがあります。

ホイップクリームなどを上にのせるスタイルは多くのドリンクに使われています。基本的にはグラスの形を考えて一番見栄えがよい仕上がりが理想です。泡立てる状態のかたさによって、トッピングの方法を変えることも可能です。

店内でグラスで提供する場合は、フルーツをくし形にカットして切り込みを入れ、グラスに飾るのも定番です。TOGO カップなどはリッド（蓋）やシーラーで蓋をするため適しません。縁に飾るフルーツは飲みながら食べることが前提です。そのため、ドリンクの箸休め的な要素が大きく、混ぜて飲むことでドリンクとの調和も楽しめます。フルーツの形状や、どのように使用するかなどを考えて仕上がりを想像し、デザインします。

デザインと演出テクニックはドリンクをアップグレードさせるのに必要な要素です。見た目でおいしそうに感じれば、実際の味以上においしく感じられます。しかし複雑なデザインは提供に時間がかかり、ドリンクの状態の保持が難しくなるので留意してください。

{ 本書で登場する演出テクニックの一例 }

セパレートにする

見た目が2層になり美しい。作例は冷たいミルクに温かいジャスミンティーをそそぐことでセパレートにしている。セパレートにするには冷たいもの→温かいもの、比重が重いもの→比重が軽いもの、水分→油分の順で入れるのが基本。本書にはないが、あえて最後に重たい液体を入れる場合もある。

作例> P.66、67、70、73、84、104、114など

ソースとフローズンドリンクのデコレーション

粘度のあるソースをカップに入れた後に、同じく粘度のあるドリンクを勢いよくそそぐと毎回違う模様の浮き上がり方をして、それがデザインになる。きれいに層にするのとは対照的に、ダイナミックに仕上げることができる。この作例ではソースにフローズンドリンクをそそいでいる。

作例> P.132

氷を使った演出

クラッシュアイスとフルーツを交互に入れて、固定しながら入れていく手法。きっちり入れることによりフルーツの層ができて見栄えがよくなる。フルーツを固定するために、あえてクラッシュアイスを使用。作例のように使えば、丸くカットしたフルーツもきれいに見せることができる。

作例> P.97、119、126など

【MEMO】
氷について

本書ではブロックアイス（左）、クラッシュアイス（右）の2種類の氷を使用。どのような見た目のドリンクにしたいかで使い分けている。ブロックアイスは定番で、夏をイメージするようなドリンクはクラッシュアイスを使うことが多い。ストローで吸うトッピングを入れる場合は、一緒に氷が入ってくるためクラッシュアイスはあまり向かない。ただ、クラッシュアイスは器に氷の入る量が多くなり、液量が少なくなる。

【器の内側を有効利用】

タピオカのデコレーション

黒糖タピオカは黒糖が溶けることにより、粘度のある液が出る。カップにタピオカを入れて回すことで、カップの側面にその液のラインができ、氷と液体を入れた後もラインが残りデコレーションとなる。黒糖タピオカ以外でも色が濃く液に粘度のあるものなら応用可。ただし三温糖タピオカは牛乳に近い色なので、ドリンクを入れたときに見えづらい。

作例> P.68

ソースのデコレーション

粘度のあるソースをグラスの内側にかけると、ソースのとろみでグラスに跡が残り、氷と液体を入れたときにデコレーションとなる。作例はイチゴソースだが、とろみのあるソースなら応用できる。

作例> P.74

スパイスを使ったデコレーション

カップの中にただスパイスをふると下に落ちてしまうが、粘度があるソースを先に入れることでスパイスがカップの壁面に張り付き、氷と液体を入れた後にも模様のように残る。味とビジュアルのアクセントになる。

作例> P.128、130

フルーツスライスを貼り付ける

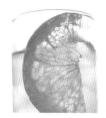

フルーツのスライスを入れることで、味だけでなく見た目のアクセントにもなる。フルーツは厚いと貼り付きづらいので薄くスライスすること。また、切り口から出る果汁がそのままだとグラスに張り付かないので、キッチンペーパーで果汁を拭き取ると、水分が取れて粘度が増し張り付きやすくなる。

作例> P.92、113

クッキーとクリームのデコレーション

見た目を派手にしたい場合やクリームサンドチョコレートクッキーの感じを強く出したいときは、ミルクフォームにクッキーを混ぜてカップに塗る。液体にクッキーを混ぜると味がくどくなるが、この手法だとクッキーとクリームは側面だけなので見た目ほど味がくどくならない。あえてきれいに塗らないことでダイナミックに仕上げることが、おいしそうに見せるポイント。

作例> P.146

フォームをのせる

リンクの上にフォームやホイップクリームを乗せることで華やかさが増し、味にも変化が出る。フォームはグラスの側面に沿ってグラスを回しながら入れ、最後に中央に入れるときれいにできる。最初に中央に入れてしまうと端の液体が上に上がってきてしまい、きれいにセパレートされない。カップに蓋をしないならフォームの上にさらにトッピングをしても。

作例> P.82、98、100、108、112、143、145、150、151、155、158、164 、167

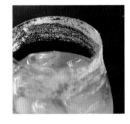

ソルト（塩）を使ったデコレーション

塩をグラスの縁に塗るデコレーションをバーテンダーの世界ではソルティースタイルといい、それをティードリンクに応用した手法。レモン汁をグラスの縁に塗ると、果汁の粘度でソルトが付着する。レモンはカットしたばかりだと水分量が多くソルトが濡れてしまうため、キッチンペーパーで水分を拭き取ってから塗ると美しく仕上がる。

作例> P.194

基本の道具

本書で使用したティードリンク作りの基本の道具を紹介します。
お茶を淹れる急須やポット以外にも、こうした道具があると便利です。

A ミルクピッチャー

ミルクを温め、そのままコーヒーや紅茶にそそぐための道具。フォームを作る際や、ミルクを温めたり、ラテアート用にスチームミルクを作る際にも必要で、本書ではバタフライミルクティー（P.77）に使用した。

B シェーカー

ドリンクを混ぜたり冷やしたりするための道具。液体と氷を入れてシェーク（混ぜる）することで空気を含ませマイルドにしながら冷たくしたり、フルーツと氷を入れて氷で潰しながら液体にすることができる。

C 計量カップ

ドリンクを作る際、体積の計量に用いる。水、お茶などの液体はg（グラム）＝㎖（ミリリットル）になるので、計量カップを使ってgでも計ることができる。

D スクイーザー

レモン（小サイズ）やオレンジ（大サイズ）など、柑橘類の果汁を絞るための道具。少量だけ絞るときやバイオーダー（注文を受けてから作るスタイル）で作るときに便利。

E ほうじ器

ほうじ茶を焙煎をするための茶器。再度焙煎することで香ばしさが増し、おいしいほうじ茶を淹れることができる。取っ手の反対側の穴から焙じたお茶を取り出す。

F 電子スケール

本書ではレシピの表記をすべてgで記載しているため、材料の重さを量る際に使うもっとも大事な道具の一つ。0.1g単位で計量できる電子スケールと数kgまで計れるものを用意すると便利。

G 漏斗（ろうと）

液体または粉状のものを大きい容器から、口径の小さい容器に移すために使用する。シロップなどを移す際にも重宝する。

H 茶漉し（ちゃこ）

急須を用いてお茶を入れる際の、茶葉を受け止めるためのふるい。ドリンクを1杯ずつ入れるときは必ず必要になる。

I ホイッパー

クリームを泡立てたり混ぜたりするのに使う。用途に応じてサイズを数種類揃えておくと便利。

J タピオカ用穴あきレードル

シロップ漬けしているタピオカを、シロップを切りながらカップに入れるときに使用する。サイズが数種類あるのでタピオカの量やカップのサイズに合わせて選ぶとよい。

K バースプーン

ドリンクを混ぜたり、氷入りのグラスを混ぜることで冷やすことができる道具。スプーンの反対側についているフォークでフルーツなどを刺して、直接フルーツに触らずにグラスに入れることができ便利。

L ディッシャー

九分立てほどの、かための ホイップクリームをトッピングする際に使える。アイスクリームを盛りつける場合にも。gを量らずに使えて、ドリンクの上にきれいに飾ることができる。

M ペストル

ペストルとは、英語のペッスル（Pestle）が訛ってできた言葉。実の柔らかいフルーツやミントなどをすり潰せるほか、少量のフルーツやハーブをすり潰すことも可能。

N ピーラー（ストレート、のこぎり状）

刃が真っすぐなものや、のこぎりの刃のようにギザギザになっているものがあり、後者はキウイや桃など果肉が柔らかいものに刃が入りやすい。食材のかたさや削り方の見せ方で刃の形を変えるとよい。

O スパチュラ

混ぜる・炒める・すくう・裏漉しするなど万能に使えるゴム製のヘラ状調理器具。耐熱性もあり、作る際に高温になるジャムなどにも使用できる。

仕込みで使用する 機械・器具

←コールドプレスジューサー

低温低圧圧縮方式で、新鮮なフルーツや野菜の栄養素の損失をおさえながらジュースにすることができる。業務用モデルは大容量ドラムを搭載し、一度に大量の搾汁ができて便利。使い方はP.38参照。

↑タピオカジャー

生タピオカを茹でて、蒸すためのジャー。茹でる、蒸す時間を自由に設定できる。タピオカ投入後は自動なので、鍋で茹でる従来の手法よりも仕込みが簡単に。炊飯ジャー同様、炊き上がったら保温の状態になる。

→フードプロセッサー

食材を細かくカットしたりペースト状にするなど、下ごしらえに使用する機械。ブレンダーとは違い固形物を粉末状にすることもできる。

←電動粉末ミル

中のブレードが高速回転することで食材を撹拌しながら叩き砕き、粉末化する。かたい食材を細かくするときに便利。本書ではピスタチオペーストを作る際に使用した。

↑メランジャー

チョコレートの原料であるカカオ豆をすり潰して、コンチング（精錬。長時間かけて練り上げる作業）などを行う機械。本書では黒ゴマやピスタチオをペーストにする際に使用した。

機械・器具の重要性について

　ドリンクは注文を受けてから約5分以内に提供しないと、TOGO（持ち帰り）中心のお店ではクレームになる可能性があります。また、既製品を使えばほかの店舗と似た味になり集客に繋がりません。ドリンクにオリジナリティーを加え、提供のスピードアップをするには仕込みが重要になります。そのためには、機械や器具は必要不可欠です。

　仕込みで使用する機械の導入とそのクオリティで、ほかのお店との差別化を図ることができ

ます。また、賞味期限が短くロスになりやすい食材を別の素材に加工できるため、経済的にも役に立ちます。

　ドリンクの仕上げに使用する道具はドリンクメニューの幅を広げてくれます。ドリンクは形状変化が激しいので短時間で作らないといけません。そのためにも、ビジネスでドリンクを提供する場合は、専用の機械や器具を使用することが重要となります。

ドリンクの仕上げに使用する 機械・器具

↑ モンブランプレス

かためのペーストを、スイーツのモンブランのように細い束状に絞り出す器具。栗、イモなど人気の食材のペーストも簡単に絞り出せるため、お客さまの目の前で仕上げとして行うことでライブ感を演出できる。

↑ ティーブレンダーマシン

スムージー用、フォーム用、茶葉用のコンテナがついたティーショップ専用のブレンダー。茶葉用コンテナはティーバッグ、お湯、ミルクパウダーを入れてスイッチを入れるだけでミルクティーが完成する。お茶を仕込まないで使う場合や、あまり注文のないお茶を仕込まずに提供するのに使われることが多い。

↑ ブレンダー

材料の撹拌・粉砕を行う機器。高性能なものはそれ以外に温める、冷やすなどの機能を備えていたり、野菜や果物のフレッシュ感を損なうことなく仕上げることもできるので、目指すドリンクによって慎重に選びたい。

↑ 雪花冰用かき氷器

ふわふわとした見栄えと口溶けのよい雪花冰を、1食分ずつ作ることができる。夏限定ドリンクの上に雪花冰をのせたアレンジにも使用でき、スペシャル感の演出が可能。

↑ ナイトロサーバー

Nitrogen（ニトロゲン：窒素ガス）を使い、細かな泡立ちのあるナイトロブリュードリンクを作るための専用のサーバー。窒素ガスボンベも必須。ガスボンベの周辺2mは火気厳禁、屋外使用・店舗外への移動禁止。取扱いには注意を。使い方はP.173参照。

↑ エスプーマ

食材と凝固剤を容器に入れ、亜酸化窒素ガス（N_2O）を添加することで「空気のように軽い泡」ができる。ガスボンベにつないで使うので、取扱いには注意を。使い方はP.43参照。

↑ ハンドミキサー

クリームを泡立てたりメレンゲを作ったり液体を混ぜるための機械。手作業だとかかる手間ひまを省けるので重宝する。

↑ ミニスモーカー

手軽にスモークが焚けて香りを添加できる。ドリンクごとにスモークするウッドの種類を変えることができ、ライブ感の演出もできる。使い方はP.109、191参照。

↑ ガストーチバーナー

高温の炎で、手早く食材を炙ることができる。グラニュー糖などを短時間で炙ることでカラメル化することも可能。短時間で炙りカラメル化ができるので、ドリンクの状態を変えずに提供できる。使い方はP.69、121参照。

↑ ハンドブレンダー

ハンディタイプのミキサー。混ぜる、潰す、刻む、泡立てるなど、ミキサーとフードプロセッサーの機能を備えている。本書では抹茶ソースやチョコレートソースを作るときなどに使用。

Chapter

2

MILK TEA

ミルクティーとは

　ミルクティーとはお茶に牛乳や豆乳、アーモンドミルクなどを混ぜ合わせたドリンクのことです。古くはユーラシアの遊牧民が、中国から入手した茶に家畜の乳を入れ、大量に飲む食習慣がありました。イギリスには元々、薬用茶にミルクを入れて飲む習慣があったのですが、交易でお茶が入るようになり現在のミルクティーが生まれました。渋味の成分であるタンニンが強い紅茶は飲むときに人の唾液（少量のタンパク質）と結合して沈殿し、渋味に変わります。それゆえそのままだと飲みにくく、また、消化器官に入ることでタンパク質の消化を妨げてしまいます。それらを和らげる豊富なタンパク質の牛乳を入れて飲むという、からだに優しい飲み方に移行していきました。

　お茶には苦味があり、乳製品には甘みがあるので味覚のバランスがとれ、香りを感じやすくなります。

　イギリス、中国、台湾などはミルクティーを甘くして飲みます。食事に糖分をあまり加えない地域は、食後のデザートやドリンクで糖分を摂取します。日本では糖分を加えずに飲まれることも多いですが、地域によっては糖分の加減も必要です。

　ミルクティーは古くから近年、そして未来まで万人に愛されるドリンクです。

茉莉花茶×牛乳×三温糖

ホワイトミルクティー

普通のミルクティーより色が白いことからネーミング。
口に含むと茉莉花茶のフローラルな香りがサプライズ。三温糖味のタピオカが味と食感のアクセントに。

ICE ☐ HOT ☐

材料（1杯分）

三温糖タピオカ（P.48）………80g
氷………適量
牛乳………75g
茉莉花茶（P.27・ICE）………100g

作り方

1　グラスに三温糖タピオカと氷を入れ、牛乳をそそぐ。

2　1に茉莉花茶をフロートさせる。

【HOTの場合】
カップにタピオカを入れ、茉莉花茶（HOT）と63℃に温めた牛乳をそそぐ。
ICEを使用する場合は牛乳と一緒に温める。

【MEMO】
牛乳は、高温になると含まれるカルシウムやタンパク質が熱変性を起こす。またタンパク質等が焦げると獣臭が出てきて、風味が損なわれることから、温める際は63℃が適温の目安。

ICE HOT

凍頂烏龍茶×牛乳
ウーロンミルクティー

牛乳と緑茶に風味の似た凍頂烏龍茶を合わせ、後味のすっきりとした軽い印象に仕上げた
飲みやすいミルクティー。白いティーから香るお茶のさわやかさが心地よい。

材料（1杯分）

水………80g
凍頂烏龍茶（茶葉）………3g
氷………適量
牛乳………120g

作り方

1 汲みたての水を沸騰させて冷まし、適温の85℃の
　 お湯を用意する。
2 茶器に茶葉を入れ、**1**をそそぎ1分間蒸らす。
3 グラスに氷を入れ牛乳をそそぎ、**2**をフロートさせる。
　 【HOTの場合】
　 牛乳を63℃に温めてカップに入れ、**2**をそそぐ。
　 ICE（P.22）を使用する場合は牛乳と一緒に温め
　 る。

抹茶×牛乳

抹茶ミルク

ほろ苦く濃厚な味わいの抹茶寒天とミルクと抹茶ソースの3層のグラデーションが美しい。
混ぜ合わせて飲めば、寒天の喉越しのよさが一緒に楽しめる。

材料（1杯分）

抹茶寒天（P.46）………80g
氷………適量
牛乳………80g
抹茶ソース（P.33）………20g

作り方

1　グラスに抹茶寒天、氷の順に入れ、牛乳をそそぐ。
2　1に抹茶ソースをフロートさせる。
【HOTの場合】
抹茶寒天と抹茶ソース以外を温めてカップにそそぐ。

凍頂烏龍茶×牛乳×黒糖

黒糖タピオカミルクティー

凍頂烏龍茶ベースのすっきりとしたミルクティーに、黒糖のコク深い甘さと、
なめらかなミルクフォームがバランスよく調和。カラメルのほろ苦さとタピオカの食感も楽しめる。

材料（1杯分）

黒糖タピオカ（P.48）………80g
氷………適量
凍頂烏龍茶（P.22・ICE）………60g
牛乳………80g
ミルクフォーム（P.41）………50g
黒糖………少々

作り方

1 カップに黒糖タピオカを入れ、カップを横にして回し、グラデーションを作る（P.56）。

2 1に氷を入れ、凍頂烏龍茶と牛乳をそそぎ、ミルクフォームをフロートさせる。

3 表面に黒糖をふり、バーナーで焦がす（写真）。

【HOTの場合】
カップに黒糖タピオカを入れ、凍頂烏龍茶（HOT）と63℃に温めた牛乳をそそぐ。あとの手順はICEと同じ。
ICEを使用する場合は牛乳と一緒に温める。

ICE
HOT

ほうじ茶×牛乳

ほうじ茶ミルク

香ばしいほうじ茶は淡い色ながら、ミルクに負けない余韻が後味に残る。
香りを立てるために焙じてから使用。高温で淹れ、キリッとした味わいを引き出した。

ICE　HOT

材料（1杯分）

ほうじ茶（茶葉）………3g
水………90g
氷………適量
牛乳………120g

作り方

1 ほうじ茶の茶葉を焙じる。焙じ器に茶葉を入れ、器を振りながら弱火にかける（写真）。香りが出て、好みの色になったら火から下ろす。

2 汲みたての水を沸騰させる。

3 茶器に**1**を入れ、**2**をそそいで1分間蒸らす。

4 グラスに氷を入れ、牛乳をそそぐ。

5 **4**に**3**をフロートさせる。

【HOTの場合】
牛乳を63℃に温めてカップに入れ、ほうじ茶（P.25・HOT）をそそぐ。
ICEを使用する場合は、牛乳と一緒に温める。

☑ ICE ☐ HOT

玄米茶×豆乳
豆乳玄米茶

大豆の甘味に玄米の香ばしさが合わさり、奥深くやさしい味わい。
苦味とカフェインの少ない和風テイストのミルクティー。

材料(1杯分)

水………90g
玄米茶(茶葉)………3g
氷………適量
豆乳………120g

作り方

1 汲みたての水を沸騰させる。
2 茶器に茶葉を入れ、**1**をそそいで1分間蒸らす。
3 グラスに氷を入れ、**2**と豆乳をそそぐ。

ダージリン×豆乳
ダージリンソイミルクティー

いつものミルクティーも豆乳に変えれば不思議な味わいに。豆乳はクセのないものを選ぶことがポイント。
収穫時期によって変わるダージリンの個性も楽しみたい。

材料（1杯分）

水………90g
ダージリン（茶葉）………3g
氷………適量
豆乳………120g

作り方

1　汲みたての水を沸騰させて冷まし、適温の95℃の
　お湯を用意する。

2　茶器に茶葉を入れ、1をそそいで3分間蒸らす。

3　グラスに氷を入れ、豆乳をそそぐ。

4　3に2をフロートさせる。

金萱烏龍茶×ミルク×イチゴ

いちごミルクティー

イチゴとミルクの定番の組み合わせも、金萱烏龍茶をベースにするとさっぱりとした仕上がりに。
イチゴソースをグラスにデコレーションし、ミルクとのツートンカラーが見た目に鮮やかなドリンク。

☑ ICE ☐ HOT

材料（1杯分）

金萱烏龍茶（茶葉）………3g
水………90g
粉ミルク………30g
イチゴソース（P.37）………50g
氷………適量

作り方

1 茶葉をティーバッグに詰める。
2 汲みたての水を沸騰させて冷まし、適温の95℃の
　お湯を用意する。
3 ティーブレンダーマシーンに1と2を入れて2分間
　撹拌し（写真①、②）、粉ミルクを入れる（写真③）。
4 カップにイチゴソースをデコレーションし（P.56）、
　氷を入れ、3をそそぐ。

【MEMO】
フルーツなどがベースの酸味のあるソースに牛乳
を合わせると、酸が牛乳に反応し、凝固して分離
する。そのため、ここでは粉ミルクを使用している。

金萱烏龍茶×アーモンドミルク

金萱アーモンドミルクティー

低カロリー、低糖質ながらナッツ特有の香ばしさとコクが持ち味のアーモンドミルク。
濃厚な風味の金萱烏龍茶と合わせ、味はさっぱりながら香り豊かなミルクティーに。

ICE
HOT

材料（1杯分）

水………60g
金萱烏龍茶（茶葉）………2g
氷………適量
アーモンドミルク………90g

作り方

1 汲みたての水を沸騰させて冷まし、適温の85℃の
お湯を用意する。

2 茶器に茶葉を入れ、**1**をそそいで1分間蒸らす。

3 グラスに氷を入れ、**2**とアーモンドミルクをそそぐ。

【HOTの場合】
カップに金萱烏龍茶（P.22・HOT）を入れ、沸騰
直前まで温めたアーモンドミルクをそそぐ。
ICEを使用する場合はアーモンドミルクと一緒に
温める。

バタフライピー×ココナッツミルク

バタフライミルクティー

タイのカフェではバタフライピーは馴染みのあるハーブの一つ。鮮やかなブルーの色を活かして
ミルクティーにすれば、水色と白のコントラストが美しく、映える。

☑ ICE   ☑ HOT

材料(1杯分)

ショウガの絞り汁………5g
水………30g
バタフライピー(粉末)………3g
ココナッツミルク………140g
レモン果汁………5g
アガベシロップ………10g

1 おろし金でショウガをおろし、ティーバッグに詰めて絞り、分量の汁を取り出す。こうすると、絞り汁がきれいにとれる。

2 汲みたての水を沸騰させ、バタフライピーを入れた茶器にそそぎ、溶かす。

3 ミルクパンにココナッツミルク、**1**、レモンの果汁を入れて温める(スチームマシンを使用する際は、フォームドミルクを作る)。

4 カップに**2**とアガベシロップを入れて軽く混ぜ合わせ、**3**をそそぐ。

【ICEの場合】

容器にバタフライピーを入れて沸騰したお湯で溶き、ほかの材料を加えて混ぜ合わせ、氷入りのグラスにそそぐ。

メニュー作りの考え方

　メニューを考案するにはまずドリンクの完成形のイメージを想像します。法則として「売れ筋」「売り筋」「見せ筋」という考えがあり、考案するメニューはどこに当てはまるのかも重要です。

　「売れ筋」は定番メニューなど、安定して売れていく売上の要となる商品です。「売り筋」はお店の売りたい商品で、お店が押したいものです。「見せ筋」は見栄えのする商品を見せることで興味を湧かせてお店の来客に繋げる商品です。この3種のどれに当たるかを考えて分類します。

●売れ筋、売り筋、見せ筋の要点

　「売れ筋」の定番ドリンクとしてシンプルなドリンクに仕上げるとしたら、通年仕入れも価格も安定して使用できる食材を考えると大枠のメニューは決まりやすくなります。通年販売するには季節に関係なくバランスのとれたドリンクが理想です。本書でいうと「ミルクティー」がそれにあたります。

　「売り筋」と「見せ筋」はシーズンドリンクで使われることが多いです。

　「売り筋」のドリンクは旬の食材やブランドの食材を使うと売りやすいでしょう。お店側の売りたい商品なので、価格帯の面でもほかのお店に負けない商品が理想です。またネーミングも重要で、わかりにくいものは購買に繋がりにくくなります。

　「見せ筋」のドリンクとしては、黒糖タピオカミルクティーがあります。ブームはSNSから始まることもしばしばです。そのため、写真を撮りたくなるような見栄えを考えた、SNSに使用する写真を意識したドリンクも多くあります。見せ筋は買ってみたいと思わせる見た目の華やかさが大切なので、名前はわかりにくくても売れやすいのが特徴です。最初のインパクトも重要で、たとえばフルーツがたくさん入っていたり、人気のあるパンケーキのようにクリームが多くてすごい！などと思わせるような盛りつけをすると効果があります。

　メニューを作る際はどのように飲んでほしいかを考え、完成形をイメージして逆算していくと味覚のバランスや見栄えが作りやすくなります。

●季節感と地域性

　季節や地域でも求める栄養素も味覚も変わります。当然、フルーツの旬によっても違います。

　夏や冬なら料理やスイーツと合わせるのか、または単体で楽しむのかで変わります。夏は料理やスイーツがみずみずしくさっぱりする傾向があるので、ドリンクは濃い目に仕上げると食事とのバランスが取れます。単体で飲むなら濃厚なドリンクだと喉が渇いてしまうので、酸味と甘さの効いたさっぱりしたドリンクが好まれ

ます。冬ならその逆になります。本書では基本的に、単体で飲んでおいしいドリンクを提案しています。

地域によっても味覚が変わります。寒い地域は塩分が濃い料理が多いのでさっぱりしたドリンクが好まれます。暑い地域は逆にさっぱりした料理が多いので濃いドリンクが好まれます。

塩分には体を温める効果があり、糖分は体を一気に燃焼させ汗をかくことで体を冷やします。そのことから寒い地域では甘すぎるものは好まれず、暑い地域では好まれます。ここでいう「甘さ」とは液体に対する糖分量が多いということです。ドリンクは甘さ以外に苦味や酸味でバランスを取るので、味としての甘さではなく、糖分が多いか少ないかということを指します。

暑い地域において塩分は体を温めるから取らないというよりも、汗をかいて塩分が流れ出てしまうのでそれを補給するものとなります。寒い地域と暑い地域では必要とする塩分、糖分の摂取量の絶対量が違います。たとえば暑い地域ではスイカドリンクに塩をアクセントで入れると好まれます。寒い地域は料理で塩分を大量に取るため、ドリンクに塩を入れると好まれません。どういうドリンクを作りたいかをイメージできると全体のバランスがとりやすくなります。

メニュー作りの法則まとめ

まず完成形をイメージし、以下の3つのどれに当てはまるかを考えるとスムーズ。

売れ筋 | 定番メニューなど、安定して売れる売上の要となる商品。

- ⊙ シンプルなドリンク。
- ⊙ 仕入れや価格が安定した食材。
- ⊙ シーズンを意識せずバランスのとれたドリンクが理想的。
- ⊙ ミルクティーなどがこれに当たる。

売り筋 | 店の売りたい商品で、店が押したい商品。

- ⊙ 旬の食材やブランド食材が効果的。
- ⊙ シーズンドリンクに向く。
- ⊙ わかりやすいネーミングが肝心。
- ⊙ フルーツインティーなどがこれに当たる。

見せ筋 | 興味を引き来客に繋げる、見栄えのよい商品。

- ⊙ SNS映えを意識した華やかでインパクトのあるビジュアル。
- ⊙ ネーミングよりも見た目で引きつける。
- ⊙ シーズンドリンクに向く。
- ⊙ 黒糖タピオカミルクティーなどがこれに当たる。

3

FRUIT TEA

フルーツティーとは

　かつてフルーツティーといえば、フルーツジュースにお茶を合わせるスタイルが一般的でした。現在はフルーツシロップを使用したり、ストローに入るサイズにフルーツをカットしてドリンクにするなど、進化しています。

　暑い国では、お茶にフルーツを入れてスムージーやフローズンにするスタイルも流行しています。近年では大きめにカットしたフルーツをドリンクにそのまま入れて、「食べる」＋「飲む」という2つの要素を合わせた「ハイブリッドドリンク」も人気を集めています。

　3種の味覚が合わさると、人はおいしいと感じます（詳細はP.50-51）。フルーツは甘みと酸味、お茶は苦味があるので、おいしさの相性がとてもよいのです。フルーツによっては酸味が強かったり香りが弱かったりさまざまですが、フルーツを多く入れるよりもソースやシロップで補完するほうが、全体のバランスがとりやすくなります。

　フルーツは季節感もあり、必要な栄養素も摂取しやすいため、からだにとっても嬉しいドリンクになります。また、お茶は透明度が高く、フルーツの色を活かしやすい点も魅力です。

　お茶の単調な色もフルーツの差し色が入ることで色鮮やかになり、ドリンクの見栄えがよくなります。

茉莉花茶×マンゴー

マンゴージャスミンティー

甘く濃厚なマンゴーとジャスミンティーは好相性。冷凍のマンゴーを使うことでフローズン状になり、
暑い時期にも後味さっぱり。チーズフォームのコクがアクセント。

材料（1杯分）

マンゴー（冷凍）………160g
茉莉花茶（P.27・ICE）………220g
マンゴーソース（P.39）………50g
レモンソース（P.39）………10g
チーズフォーム（P.42）………50g

作り方

1 ブレンダーにマンゴー、茉莉花茶、マンゴーソース、レモンソースを合わせて撹拌する。

2 **1**をカップにそそぎ、チーズフォームをのせる（P.57）。

ICE
HOT

白桃烏龍茶×パッションフルーツ

パッションピーチティー

酸味のあるパッションフルーツとまろやかな甘さの桃は相性がよい。
白桃烏龍茶の香りが心地よく、パッションフルーツの種の食感も楽しいドリンク。

材料（1杯分）

パッションフルーツ………1個
ピーチソース（P.37）………30g
氷………適量
白桃烏龍茶（P.26・ICE）………90g

作り方

1 パッションフルーツを半分にカットし、果肉を取り出す。

2 グラスにピーチソースと氷を入れ、白桃烏龍茶をそそぎ、1をのせる。

☑ ICE □ HOT

083

玉露×マンゴー×パッションフルーツ

マンゴーパッショングリーンティー

玉露の苦味とパッションフルーツの甘酸っぱさにアクセントとしてマンゴーの甘みをプラス。
混ぜながら飲むと味わいのバランスが絶妙。薄緑色の玉露は黄色系に仕上げるドリンクと好相性。

材料（1杯分）

マンゴー（5mm角切り）………60g
パッションフルーツソース（P.37）………40g
氷………適量
玉露（P.25・ICE）………120g

作り方

1 グラスにマンゴー、パッションフルーツソース、氷の
　順に入れ、玉露をそそぐ。

☑ ICE

☐ HOT

白桃烏龍茶×パパイヤ×桃

パパイヤピーチスムージー

甘みが強いパパイヤと桃は、レモンの酸味と合わせることで味わいが引き立つ。
冷凍パパイヤを食感が残る程度のスムージーにすることで、さっぱりしながらもフルーツ感際立つドリンクに。

材料（1杯分）

パパイヤ（冷凍）………80g（約1/4個分）
白桃烏龍茶（P.26・ICE）………140g
ピーチソース（P.37）………40g
レモンソース（P.39）………10g
レモン（スライス）………1枚
氷………適量

作り方

1 ブレンダーにパパイヤ、白桃烏龍茶、ピーチソース、レモンソースを合わせ、パパイヤの食感が残る程度に軽く攪拌する。

2 グラスに氷を入れ、**1**をそそぎ、レモンを飾る。

【MEMO】

スムージーとは、凍らせた野菜や果物を組み合わせて攪拌したドリンク。スムーズな食感がスムージーの名前の由来とされる。

☑ ICE ☐ HOT

バタフライピー×ココナッツ×レモン

ココナッツバタフライピーレモネード

鮮やかな青色が目を引くバタフライピーティー。ココナッツを合わせてバランスよく
スッキリした味わいに仕上げ、レモンソースで酸味と甘みをプラス。青色から赤紫色への変化も楽しめる。

材料（1杯分）

氷………適量
バタフライピー（P.28・ICE）………40g
ココナッツウォーター………60g
レモンソース（P.39）………40g

作り方

1 グラスに氷を入れ、バタフライピーとココナッツウォーターをそそぐ。

2 ピッチャーにレモンソースをそそぎ、**1**と一緒に提供する。

3 飲むときに、レモンソースを**1**にそそぐと色が変化していき2層になり（写真①、②）、混ぜると全体が赤紫色になる（写真③）。

☑ ICE □ HOT

玉露×乳酸菌飲料×梅

梅ヤクルトグリーンティー

中国や台湾で流行している「ヤクルト」を使ったドリンク。どこか味わいが似ていることから
相性のよい梅を組み合わせ、玉露の苦味でバランスをとった。ナタデココの食感が心地よい。

材料（1杯分）

ナタデココ………80g
氷………適量
玉露（P.25・ICE）………100g
乳酸菌飲料（ヤクルト）………137g（2本分）
梅シロップ（P.39）………30g

作り方

1　カップにナタデココ、氷、玉露、乳酸菌飲料、梅シ
　ロップの順に入れて軽く混ぜる。

鉄観音×オレンジ

オレンジ鉄観音スカッシュ

焙煎香と柑橘類の香りが合わさったような風味の鉄観音は、オレンジと組み合わせることで
柑橘の香りがアップする。強炭酸水でキリッとした飲み口に仕上げた1品。

材料（1杯分）

オレンジ（スライス）………3枚
氷………適量
強炭酸水………90g
鉄観音（P.23・ICE）………90g

作り方

1 オレンジを6等分のいちょう切りにする。

2 グラスに氷と**1**を交互に入れ、鉄観音と強炭酸水
をそそぐ。

ダージリン×キンカン×ミカン

ミカンと金柑ダージリン

繊維を壊してエキスを出しやすくするため、ミカンとキンカンは冷凍したものを使用。
柑橘類と相性のよいダージリンとは最良の組み合わせ。ミカンの甘みがキンカンの酸味をやわらげる。

材料（1杯分）

キンカン（冷凍）………30g（約3個分）

ミカン（冷凍・皮をむく）………15g（約1/4個分）

ダージリン（P.21・ICE）………45g

氷………適量

ドライキンカン（スライス）………1個分

作り方

1 キンカンは皮ごと、ミカンは皮をむいてシェーカーに入れ、ペストルで潰す（写真①、②）。

2 1にダージリンと氷を入れ、シェークする。

3 グラスに氷を入れて2をそそぎ、ドライキンカンを飾る。

☑ ICE ☐ HOT

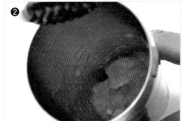

ダージリン×はっさく

はっさくダージリンティー

はっさくは冬から春にかけてが旬。香り・甘さ・酸味・苦味のバランスのよい柑橘類。
相性のよいダージリンと合わせて、ほろ苦さを楽しむドリンクに。

材料（1杯分）

はっさく（スライス）………1枚
氷………適量
はっさくシロップ（P.38）………40g
ダージリン（P.21・ICE）………120g

作り方

1 はっさくを半分にカットしてグラスに飾り（P.56）、
氷を入れる。

2 容器に、はっさくシロップ、ダージリンを入れて混ぜ
合わせ、**1**にそそぐ。

☑ ICE
☐ HOT

ダージリン×イチジク×八角

イチジク八角ティー

フローラルな香りのダージリンと、バニラ香を持つイチジクは相性抜群。刺激的で甘い香りの八角を
アクセントに使い、エキゾチックなドリンクに。甘やかな香りとさっぱりとした飲み口が魅力。

材料（1杯分）

ダージリン（茶葉）………4g
水………190g
八角………1個
イチジクソース（P.38）………30g

作り方

1 茶器に茶葉を入れ、汲みたての水を沸騰させてそ
そぎ、3分間蒸らす。

2 カップに **1** をそそぎ、八角を浮かべ、イチジクソース
をそそぐ。

☐ ICE
☑ HOT

☑ ICE

☐ HOT

ダージリン×グレープフルーツ

グレープフルーツゼリーティー

グレープフルーツの果肉を混ぜ、かために仕上げたゼリーの食感をアクセントにしたゼリーinティー。
酸味とほろ苦さが後を引く味わい。

材料（1杯分）

グレープフルーツゼリー（P.45）………150g
氷………適量
ピンクグレープフルーツシロップ（P.37）
　………50g
ダージリン（P.21・ICE）………160g

作り方

1 グレープフルーツゼリーをフォークで崩してカップに
入れ、氷を入れる。

2 容器にピンクグレープフルーツシロップとダージリ
ンを合わせて混ぜ、**1** にそそぐ。

ICE
HOT

東方美人茶×柿×シナモン

柿とシナモン東方美人

熟れたマスカットを思わせる甘い香りの東方美人茶。まろやかな甘みを持つ柿と、
スパイシーなシナモンをアクセントに使い、複雑味をプラスしたドリンク。

材料（1杯分）

東方美人茶（茶葉）………4g
水………170g
柿ソース（P.38）………40g
シナモンスティック………1本

作り方

1 汲みたての水を沸騰させて85℃に冷ます。

2 茶器に茶葉を入れて1をそそぎ、1分間蒸らしてカップにそそぐ。

3 2に柿ソースをそそいで混ぜ合わせ、シナモンスティックを飾る。

【ICEの場合】

グラスに柿ソース、氷の順に入れ、東方美人茶（P.21・ICE）をそそぎ、シナモンスティックを飾る。

茉莉花茶×キウイ×ミント

キウイミントジャスミンティー

甘くさわやかな香りのキウイをまるごと1個使用することで、ボリュームと清涼感が加わる。
すり潰したミントと茉莉花茶を合わせ、フローラルな香りが豊かに。

材料（1杯分）

ミントの葉（大）………20枚程度

グラニュー糖………5g

キウイ………1個

茉莉花茶（P.27・ICE）………100g

氷………適量

作り方

1 ミントの葉とグラニュー糖をシェーカーに入れてペストルで潰す。

2 **1** に皮をむいたキウイを加え、ペストルで潰す。

3 **2** に茉莉花茶と氷を入れ、シェークする。

4 グラスに **3** を氷ごとそそぐ。

ICE □ HOT

アールグレイ×ザクロ

ザクロアールグレイ

透明感のある赤色が魅力のザクロの甘酸っぱい果汁をアールグレイティーと合わせた。
飲みながらザクロの実を食べることで、口の中に甘酸っぱさが広がり味わいが変化する。

材料（1杯分）

ザクロシロップ（P.38）………30g
クラッシュアイス………適量
ザクロの実（冷凍）………70g
アールグレイ（P.26・ICE）………170g

作り方

1 グラスにザクロシロップをそそぎ、クラッシュアイス
と、ザクロの実の2/3量を交互に入れる。

2 1にアールグレイをそそぎ、残りのザクロの実を飾
る。

☑ ICE　☐ HOT

茉莉花茶×スイカ×チーズ

スイカジャスミンスムージー

夏の定番のスイカは、フローラルな香りの茉莉花茶と好相性。チーズフォームにピンクソルトをのせることで、混ぜ合わせて飲むと、甘みと酸味、塩味が加わり果実感がアップする。

材料（1杯分）

スイカ（冷凍）………160g
茉莉花茶（P.27・ICE）………220g
スイカソース（P.39）………50g
レモンソース（P.39）………10g
チーズフォーム（P.42）………50g
ピンクソルト（粉末）………少々

作り方

1 ブレンダーにスイカ、茉莉花茶、スイカソース、レモンソースを合わせて撹拌する。

2 カップに**1**をそそぎ、チーズフォームをカップの縁からのせ（P.57）、ピンクソルトを飾る。

☑ ICE ☐ HOT

東方美人茶×ブドウ

グレープ東方美人

ブドウとマスカットのような甘い香りがする東方美人茶を使用し、
フレッシュのブドウを果皮も入れることで渋みと香りが増す。甘さが抑えられ、さっぱりした飲み口に。

材料（1杯分）

種なしブドウ（赤、緑）………各10個
東方美人茶（P.21・ICE）………120g
氷………適量
ドライブドウ（ハーフカット・赤、緑）………各3枚

作り方

1 ブドウを皮ごとシェーカーに入れ、ペストルで潰す。
2 1に東方美人茶と氷を加え、シェークする。
3 グラスに2を氷ごとそそぎ、ドライブドウを飾る。

☑ ICE ☐ HOT

茉莉花茶×ドラゴンフルーツ×ヨーグルト

ドラゴンフルーツジャスミンヨーグルトフォーム

ドラゴンフルーツの色の美しいドリンク。フローラルな香りの茉莉花茶に
酸味のあるレモンがよく合う。ヨーグルトフォームを加えてクリーミーで甘酸っぱい味わいに。

☑ ICE □ HOT

材料（1杯分）

ドラゴンフルーツ（冷凍・赤）………50g
茉莉花茶（P.27・ICE）………120g
レモンソース（P.39）………30g
氷………適量
ヨーグルトフォーム（市販品）
　………50g

作り方

1 ブレンダーにドラゴンフルーツ、茉莉花茶、レモンソースを合わせて撹拌する。

2 氷をグラスに入れ、**1**をそそぎ、ヨーグルトフォームをグラスの縁からのせる（P.57）。

茉莉花茶×洋梨

HYBRID

洋梨シトラスジャスミン

強めの甘みと程よい酸味を持つ洋梨は芳醇な香りも特徴で、フローラルな茉莉花茶と、
レモン味のエスプーマのキリッとした酸味でドリンクの甘さをマイルドに。

材料（1杯分）

氷………適量
茉莉花茶（P.27・ICE）………120g
洋梨ソース（P.37）………30g
エスプーマ・レモン（P.43）………20g
レモンの表皮（すりおろす）………少々

作り方

1 グラスに氷を入れ、茉莉花茶と洋梨ソースをそそ
ぎ、軽く混ぜる。

2 1の上にエスプーマ・レモンを抽出し、レモンの表
皮のすりおろしを飾る。

☑ ICE　☐ HOT

四季春烏龍茶×ブドウ

ブドウ四季春スムージー

華やかな花の香りと、さわやかでさっぱりとした味わいが特徴の四季春烏龍茶。
冷凍したブドウを合わせてスムージーにするとブドウの風味が際立ち、バランスのとれた味わいに。

材料(1杯分)

種なしブドウ(冷凍・緑)………190g
四季春烏龍茶(P.22・ICE)………190g
レモン果汁………5g

作り方

1 種なしブドウ、四季春烏龍茶、レモン果汁を合わせ
てブレンダーで攪拌し、カップにそそぐ。

☑ ICE ☐ HOT

茉莉花茶×ライチ×グレープフルーツ

ライチグレープフルーツジャスミンティー

甘みのライチと、酸味と苦味のグレープフルーツに、華やかな香りの茉莉花茶を合わせた。
個性ある3つの要素がそれぞれの持ち味を引き立て、調和のとれたドリンクに。

材料（1杯分）

グレープフルーツ（搾汁したもの）………45g
氷………適量
茉莉花茶（P.27・ICE）………45g
ライチソース（P.37）………30g

作り方

1 グレープフルーツを半分にカットしてスクイーザーで絞り、茶漉しで漉して分量の果汁を用意する。

2 グラスに氷を入れ、茉莉花茶、**1**、ライチソースをそそぎ軽く混ぜる。

白桃烏龍茶×桃×オレンジ

白桃オレンジティー

オーセンティックなカクテル「ファジーネーブル」のティードリンクバージョン。
白桃烏龍茶を使うことで香りは華やかながら、さっぱりとした飲み口に。

材料（1杯分）

オレンジ（搾汁したもの）………100g
ピーチソース（P.37）………40g
氷………適量
白桃烏龍茶（P.26・ICE）………60g
ドライオレンジ（スライス）………1枚

作り方

1 オレンジを半分にカットしてスクイーザーで絞り、茶漉しで漉して分量の果汁を用意する。

2 グラスにピーチソース、氷、**1** を入れ、白桃烏龍茶をそそぎ、ドライオレンジを飾る。

茉莉花茶×乳酸菌飲料×レモン

ヤクルトジャスミンレモネード

甘酸っぱい乳酸菌飲料に茉莉花茶を合わせたドリンク。細かくしてトッピングしたレモンゼリーを
一緒に食べることで一気にさわやかさが広がり、清涼感がアップする。

材料 (1杯分)

氷………適量
茉莉花茶 (P.27・ICE)………65g
乳酸菌飲料 (ヤクルト)………1本
レモンソース (P.39)………30g
レモンゼリー (P.45)………80g
レモン (スライス・半月切り)………3枚

作り方

1 グラスに氷を入れ、茉莉花茶と乳酸菌飲料、レモンソースをそそぎ、軽く混ぜる。

2 レモンゼリーをフォークで崩し、1の上にこんもりとのせ、レモンを飾る。

アールグレイ×ハチミツ×レモン

アールグレイ蜂蜜レモン

イタリア原産のベルガモットで着香したアールグレイは柑橘類の香り。ハチミツの甘さとレモンの酸味を加えてレモネードのような味わいに仕上げた。ポーレンの食感が心地よいアクセント。

ICE

HOT

材料（1杯分）
アールグレイ（P.26・ICE）………110g
ハチミツ… 15g
氷………適量
エスプーマ・レモン（P.43）………20g
ポーレン（花粉）………1g

作り方

1 容器にアールグレイとハチミツを入れ、よく混ぜ合わせる。

2 グラスに氷を入れて1をそそぎ、上にエスプーマ・レモンを抽出し、ポーレンを飾る。

【HOTの場合】
エスプーマ・レモンとポーレン以外を温めてカップにそそぎ、仕上げにエスプーマを抽出してポーレンを飾る。

ミント×ハチミツ×レモン

ハニーレモンミントティー

ハニーレモネードに香り豊かなミントをたっぷり合わせた。シェークすることでレモンの酸味や苦味が
まろやかになり飲みやすくなる。定番の組み合わせも、ひと工夫で新しい味わいに。

材料（1杯分）

水………90g
レモンソース（P.39）………20g
ハチミツ………15g
氷………適量
ミントの葉（大）………20枚程度

作り方

1 シェーカーに水、レモンソース、ハチミツを合わせ、
   軽く混ぜてからシェークする。

2 グラスに氷を入れて **1** をそそぎ、ミントの葉を飾る。

【HOTの場合】
茶器にミント（ドライハーブ）3g
を入れ、沸騰させたお湯150g
をそそいで3分間蒸らし、カップ
にそそぐ。仕上げにレモンソー
スとハチミツを加え混ぜる。

ICE HOT

HYBRID

東方美人茶×青リンゴ×チーズ×桜

アップル東方美人燻製チーズフォーム

さわやかな青リンゴと蜜のような甘い香りの東方美人茶に、チーズフォームをのせることでコクが加わる。
仕上げにウッディーな薫香をプラスすればより印象深い大人のドリンクに。

V ICE □ HOT

材料（1杯分）

氷………適量
東方美人茶（P.21・ICE）………150g
青リンゴソース（P.37）………50g
チーズフォーム（P.42）………50g
桜チップ（燻製用）………適量

作り方

1 カップに氷、東方美人茶、青リンゴソースを入れて軽く混ぜ合わせる。チーズフォームを縁からのせ（P.57）、ドーム状の蓋をする。

2 卓上のスモーク器（ミニスモーカー・P.61）にチューブを接続し、先端を1のストローの差し込み口に入れる（写真①）。スモーク器の頭頂部に桜チップをのせ、チップに火をつける。しばらくしたらチップが燻されスモーク器の中に煙がたまってくる。この燻煙をチューブを通して蓋内に充満させる（桜スモーク・写真②）。

3 提供時にカップを開けると煙があふれ出し、特別感のある演出ができる。

【MEMO】

チップは桜以外にもさまざまな種類があるので、ドリンクの仕上がりイメージによって選びたい。煙は蓋を開けるとあっという間に霧散するので、提供直前まで蓋は閉めておくこと。

ローズマリー×ピンクグレープフルーツ

ピンクグレープフルーツローズマリーティー

爽快感がある独特の香りが特徴のローズマリーをバーナーで炙ってグラスに入れることで香りを移し、
グレープフルーツと合わせてさわやかさをアップさせた。

☑ICE □HOT

材料（1杯分）

ローズマリー………2本
ピンクグレープフルーツ（搾汁したもの）
　………160g
氷………適量
ピンクグレープフルーツシロップ（P.37）
　………40g

作り方

1 ローズマリーをバーナーで炙り（写真①）、グラスの中に入れて皿などで蓋をし（写真②）、逆さにして置く（写真③）。こうすることでローズマリーの香りが揮発してグラスに移る。

2 ピンクグレープフルーツを半分に切ってスクイーザーで絞り、分量の果汁を用意する。

3 1のグラスからローズマリーを取り出し、氷を入れ、2とピンクグレープフルーツシロップをそそぎ軽く混ぜる。

4 1のローズマリーを飾る。

❶
❷
❸

東方美人茶×和梨×チーズ

和梨のチーズティー

甘くさわやかな香りの和梨と、似た香りを持つ東方美人茶の組み合わせ。
濃厚でクリーミーなチーズフォームとの相性はよく、一緒に飲むことで和梨の個性が際立つ。

材料（1杯分）

和梨（冷凍）………70g
東方美人茶（P.21・ICE）………70g
レモン果汁………5g
チーズフォーム（P.42）………50g
ドライレモン（スライス）………1枚

作り方

1 ブレンダーに和梨、東方美人茶、レモン果汁を合わせて攪拌する。

2 グラスに **1** をそそぎ、チーズフォームをグラスの縁からのせ（P.57）、ドライレモンをのせる。

カモミール×はっさく

はっさくカモミール

青リンゴのような甘くやさしい香りのカモミールを、相性のよい穏やかな酸味のはっさくと組み合わせた。
フローラルな甘い香りの中に柑橘のさわやかさが漂う、やさしい味わいのドリンク。

材料（1杯分）

はっさく（スライス）………2枚
氷………適量
はっさくシロップ（P.38）………40g
カモミール（P.27・ICE）………140g

作り方

1 はっさくをグラスに飾り（P.56）、氷を入れる。

2 容器に、はっさくシロップとカモミールを入れて混ぜ
合わせ、**1** にそそぐ。

【HOTの場合】

茶器にカモミール（花茶）3gを入れ、沸騰させたお
湯150gをそそいで3分間蒸らし、はっさくシロップ
を入れて混ぜ、はっさくを飾る。

ICE　HOT

タイム×パッションフルーツ

シトラスパッションタイムティーソーダ

タイムはシソ科のハーブの中でも特に香りが強く、殺菌効果と抗ウイルス作用があるとされる。
エキゾチックなパッションフルーツとさわやかなレモンで、タイムの香りをより華やかに。

材料（1杯分）

パッションフルーツ………1個
パッションフルーツソース（P.37）………30g
氷………適量
レモン（スライス・半月切り）………6枚
タイム………5〜6本
強炭酸水………100g

作り方

1 パッションフルーツを半分にカットし、取り出した果肉をグラスに入れ、パッションフルーツソースをそそぐ。

2 1のグラスに氷、レモン、タイムを交互に入れる。

3 強炭酸水をそそぐ。

ミント×キウイ×パイナップル

キウイパイナップルミントティー

清涼感のあるミントティーにパイナップルとキウイを細かくカットしてたっぷりと入れ、
トロピカルフルーツの芳醇な香りと果実感をダイレクトに味わうことができるドリンク。

材料（1杯分）

キウイ………1個
パイナップル………50g
パイナップルソース（P.38）………20g
氷………適量
ミントティー（P.27・ICE）………150g

作り方

1　皮をむいたキウイとパイナップルを5mm角に刻む。
2　グラスにパイナップルソースを入れ、1の2/3量と氷を交互に入れ、ミントティーをそそぎ、残りの1を飾る。

ハイビスカス&ローズヒップ×ハチミツ×ブドウ

グレープハイビスカスローズヒップティー

酸味の強いハイビスカスローズヒップティーには、花から採れるハチミツとの相性がよい。
さわやかさと、ほのかに甘みを感じるブドウがアクセント。

材料（1杯分）

水………150g
ハイビスカス&ローズヒップ（花茶）………3g
種無しブドウ（赤、緑）………10個
ハチミツ………5g

作り方

1 汲みたての水を沸騰させて冷まし、95℃のお湯を
用意する。

2 茶器に花茶を入れ、**1**をそそいで3分間蒸らす。

3 カップに半分にカットしたブドウを入れ、**2**をそそい
でハチミツを加える。

【ICEの場合】
グラスに半分にカットしたブドウと氷を入れる。**2**と
ハチミツを混ぜ合わせ、グラスにそそぐ。

ICE
HOT

茉莉花茶×マンゴー

HYBRID

マンゴー&ジャスミン

茉莉花茶に大きめにカットしたマンゴーをそのまま入れた、飲みながら食べるハイブリッドドリンク。
マンゴーを崩しながら飲めば、マンゴーの濃厚さと茉莉花茶の香りが引き立て合う。

材料（1杯分）

マンゴー………150g

氷………適量

茉莉花茶（P.27・ICE）………150g

マンゴーソース（P.39）
　　………30g＋5g（仕上げ用）

作り方

1　マンゴーを一口大にカットする。

2　カップに氷、茉莉花茶、マンゴーソース30gをそそ
　ぎ、軽く混ぜる。

3　2に1を飾り、仕上げにマンゴーソース5gをかけ
　る。

☑ICE　☐HOT

玉露×スイカ

スイカ&グリーンティー

飲みながら食べるハイブリッドドリンクのスイカのバージョン。
旨味成分の強いテアニンが豊富な玉露が、スイカの甘さを引き立てる。

ICE □ HOT

材料（1杯分）

スイカ………120g
氷………適量
スイカソース（P.39）………30g
玉露（P.25・ICE）………120g

作り方

1 スイカの皮を除き、5mm幅の細長い半月形に切り、氷とともにグラスに入れる。
2 容器にスイカソースと玉露を入れて軽く混ぜ合わせ、1にそそぐ。

凍頂烏龍茶×パイナップル×ナタデココ

パイン&凍頂烏龍茶

緑茶に近く蘭の花の香りのする凍頂烏龍茶は、甘い香りのパイナップルとココナッツの
香りを持つナタデココと好相性。食感もアクセントに。

材料（1杯分）

パイナップル………100g
氷………適量
凍頂烏龍茶（P.22・ICE）………200g
ナタデココ………60g

作り方

1 パイナップルは皮を取り除き、大きめにカットする。

2 グラスに**1**と氷を交互に入れ、凍頂烏龍茶をそそぐ。

3 **2**にナタデココを飾る。

☑ ICE □ HOT

HYBRID

ミルクティー×バナナ×ホイップクリーム

キャラメルバナナミルクティー

バナナを丸くくり抜き、カソナードをキャラメリゼすることで甘さの中に香ばしさと食感が生まれる。
ミルクティーの見た目を華やかに演出。

材料（1杯分）

バナナ（丸くくり抜く）………7個（約60g）
氷………適量
ミルクティー（下記参照・ICE）………200g
ホイップクリーム（P.41）………50g
カソナード*………適量

＊サトウキビ100%のフランス産ブラウンシュガー。

作り方

1　バナナをくり抜き器で丸くくり抜く。アルミ箔などの上に並べてカソナードをふり、バーナーで炙ってキャラメリゼする（写真①、②）。

2　グラスに氷を入れてミルクティーをそそぎ、ホイップクリームを絞り袋に入れて絞る。

3　2の上に1を飾る。

ベースのミルクティー

材料（仕上がり約1kg）

渋みや苦味、発酵、香りが強いお茶の茶葉………36g
（ウバ*1、アッサム. 金萱烏龍茶、凍頂烏龍茶、ほうじ茶、玄米茶、プーアル茶*2、茉莉花茶など）
水（軟水）………300g
牛乳………900g

＊1　世界3大紅茶の一つ。芳醇な香りとさわやかでしっかりとした渋みとコクがあり、ミルクティーに適している。
＊2　事前に洗茶（P.23）を行う。

作り方

1　鍋に牛乳以外の材料を入れて火にかけ、沸騰させる。

2　弱火で1/2量になるまで煮出して火からおろし、牛乳を加え、漉しながら容器にそそぐ。
【MEMO】
・牛乳との相性をよくするために沸騰させ、苦味と渋みを抽出する。
・作ったミルクティーは保冷し、6時間以内に消費する。
・ホットの場合は温めて、アイスの場合は氷を入れた器にそそいで提供する。

HYBRID

ダージリン×柑橘類

クワトロシトラス&ダージリンティー

苦味、酸味、甘みを持つ4種類の柑橘類を合わせることで、バランスのとれた味わいに仕上げたドリンク。
柑橘系フルーツと相性のよいダージリンが華やかに香る。

☑ ICE □ HOT

材料（1杯分）

レモン（スライス）………3枚
ライム（スライス）………4枚
オレンジ………1個
キンカン………4個
氷………適量
ダージリン（P.21・ICE）………200g

作り方

1 レモンとライムはそれぞれを4等分のいちょう切りにする（写真、以下同）。

2 オレンジは一房ずつ果肉を切り出す。

3 キンカンは1個を4等分のくし形にカットする。

4 1〜3を混ぜ合わせてから氷と交互にカップに入れ、ダージリンをそそぐ。カットしたフルーツを入れることで果汁がお茶に抽出しやすくなる。

凍頂烏龍茶×パイナップル×リンゴ×キウイ

パイナップル&アップル&キウイティー

食物繊維やカルシウム、ビタミンなどを含むフルーツを組み合わせたヘルシーなドリンク。
ドライフルーツを使用することで、凝縮されたフルーツの旨味がお茶の中に溶け出し奥深い味わいに。

材料（1杯分）

凍頂烏龍茶（P.22・ICE）………360g
ドライパイナップル………10g
ドライリンゴ………10g
ドライキウイ………10g

作り方

1 ドリンクパックにすべての材料を合わせて軽く振る。

【MEMO】

パイナップルは食物繊維、カルシウム、カリウムのほか、新陳代謝を活発にし、体を疲れにくくするといわれるビタミンB1とビタミンB2を含む。リンゴは食物繊維とセルロースを含み、整腸作用や疲労回復に効果的といわれる。キウイもビタミンC、食物繊維、カリウム、ビタミンEなど栄養素が豊富。

ローズマリー×ベリー類

MIXベリー&ローズマリーティー

水にフルーツやハーブを入れたデトックスウォーター。フードドライヤーを使い40℃の低温で乾燥させ、
栄養素を壊さずフルーツをドライに。ドリンクを楽しんだ後は食用可能。

材料（1杯分）

ローズマリー………1本
ドライブルーベリー………10g
ドライフランボワーズ………10g
ドライイチゴ（スライス）………10g
水………370g

作り方

1 蓋付きのカップにすべての材料を入れて軽く振る。

【MEMO】
ラズベリーにはカリウム（生活習慣病の予防に効果的）や、葉酸（貧血予防に効果的）が含まれ、ブルーベリーにはポリフェノールの一種、アントシアニン（眼精疲労の軽減に効果的）が含まれる。

☑ ICE　□ HOT

東方美人茶×フルーツ×白ワイン

ティーサングリア

丸くくり抜いたフルーツを白ワインシロップに漬け込むことで色の鮮やかさが増し、華やかな印象に。
バラエティー豊かなフルーツの味わいとお茶のマリアージュで楽しむ、ノンアルコールのサングリア。

材料 (1 杯分)

和梨*1………4個
スイカ*1………4個
洋梨*1………4個
キウイ*1………4個
ドラゴンフルーツ（赤）*1………4個
マンゴー*1………4個
リンゴ*1………4個
白ワインシロップ*2………適量
クラッシュアイス………適量
東方美人茶（P.21・ICE）………100g

*1　くり抜き器で丸くくり抜く。
*2　材料（作りやすい分量）：白ワイン（フルーティーなタイプ）200g、グラニュー糖100g
作り方：鍋に白ワインを入れて中火で沸騰させ、半量まで煮つめてアルコールを飛ばし、グラニュー糖を加えて溶かす。火からおろし、氷をはったボールの上で冷やす。

作り方

1　くり抜き器で丸くくり抜いたフルーツを蓋付きの容器に入れ、白ワインシロップをひたひたになるまで注ぐ（写真①）。冷蔵庫に入れて半日漬け込む（写真②）。ドラゴンフルーツなどの色が出るフルーツは、色が移らないよう、別の器に分けて漬け込む。

2　1をザルにあげて軽く水気をきる。

3　グラスの底に和梨を入れる。間にクラッシュアイスを入れながら、洋梨、キウイ、ドラゴンフルーツ、マンゴー、リンゴの順に重ねる（P.55）。

4　東方美人茶を注ぐ。

茉莉花茶×マンゴー×スパイス

マンゴーティーネード

アメリカ西海岸で飲まれているフルーツスパイスドリンクのティーバージョン。茉莉花茶を使うことで
香りに華やかさが加わる。チャモイソースの甘酸っぱさと、スパイスの辛味のバランスで新しい味わいに。

▽ ICE □ HOT

材料（1杯分）

チャモイソース（P.35）
　　……… 30g＋5g（仕上げ用）

タジンスパイス………1g＋少々（仕上げ用）

茉莉花茶（P.27・ICE）………110g

マンゴー（冷凍）………50g

マンゴーソース（P.39）………50g

氷………適量

マンゴー（一口大に切る）………70g

作り方

1 グラスにチャモイソース30gをデコレーションし、タジンスパイス1gをまぶす（P.56）。

2 ブレンダーに茉莉花茶、冷凍のマンゴー、マンゴーソースを合わせて攪拌し、氷を入れたグラスにそそぐ。

3 **2**に一口大に切ったフレッシュのマンゴーを飾り、仕上げ用のチャモイソース5gをかけ、仕上げ用のタジンスパイス少々をふる。

玉露×スイカ×スパイス

ウォーターメロンティーネード

スイカに甘酸っぱいチャモイソースと酸味の効いたスパイスを合わせたドリンク。夏の暑い日に飲むと
やみつきに。スイカをダイナミックにのせるのがポイント。そのまま食べても、ドリンクに混ぜても◎。

☑ ICE ☐ HOT

材料（1杯分）

チャモイソース（P.35）………30g
タジンスパイス………1g＋少々（仕上げ用）
玉露（P.25・ICE）………110g
スイカ（冷凍）………50g
スイカソース（P.39）………50g
氷………適量
スイカ（スライス）………100g

作り方

1 グラスにチャモイソースをデコレーションし、タジンスパイス1gをまぶす（P.56）。

2 ブレンダーに玉露、冷凍のスイカ、スイカソースを合わせて攪拌し、氷を入れたカップにそそぐ。

3 扇形にスライスしたフレッシュのスイカをストローに挿して飾る。仕上げ用のタジンスパイス少々をふる。

凍頂烏龍茶×パイナップル×スパイス

フローズンパインティーネード

パイナップルにアプリコットベースのチャモイソースを合わせ、フローラルでハーブの清涼感がある
凍頂烏龍茶で全体をまとめた。トロピカルで濃厚なソースがドリンクにとろみをつける。

☑ICE □HOT

材料（1杯分）

チャモイソース（P.35）
　　……30g＋5g（仕上げ用）
タジンスパイス………1g＋少々（仕上げ用）
凍頂烏龍茶（P.22・ICE）………150g
パイナップル（冷凍）………100g
パイナップルソース（P.38）………50g
氷………200g
パイナップル（スライス）………100g

作り方

1 カップにチャモイソース30gをそそぎ、タジンスパイス1gをふる。

2 ブレンダーに凍頂烏龍茶、冷凍のパイナップル、パイナップルソース、氷を合わせて攪拌し、カップにそそぐ。

3 2に半月形にスライスしたフレッシュのパイナップルをストローに挿して飾り、仕上げ用のチャモイソース5gをのせ、仕上げ用のタジンスパイス少々をふる。

ICE ☐ HOT

金萱烏龍茶×イチゴ×スパイス

ストロベリーティーネード

冬の甘いイチゴには甘酢っぱいチャモイソースを混ぜるとさっぱりとした味に仕上がる。
甘さと辛さのバランスをとることで、口の中に香りと華やかさが広がる。

材料（1杯分）

イチゴ（白、赤）………各2個
金萱烏龍茶（P.22・ICE）………150g
イチゴ（冷凍）………100g
イチゴソース（P.37）………30g
氷………100g
チャモイソース（P.35）………20g
ミントの葉………少々

作り方

1 フレッシュの白と赤のイチゴはそれぞれ縦半分にカットする。

2 ブレンダーに金萱烏龍茶、冷凍のイチゴ、イチゴソース、氷を合わせて撹拌し、グラスにそそぐ。

3 2に1を飾ってチャモイソースをかけ、ミントを飾る。

季節商品のアイデア

　日本には四季があります。それに伴いイベントや行事がありレコメンドメニューを提案しやすい環境です。まずはその時期にどのような旬の材料があるのかを理解し、どのように使いたいのかを考え、完成のイメージを作ります。

季節商品のドリンク作成の流れ

① 完成イメージ：どのようなドリンクにするのかをイメージして、提供したい時期を考える。売れ筋（店の売りたい商品で、お店が押したいもの）、見せ筋（見栄えのする商品で、これを見せることで興味を湧かせて来客に繋げるもの）にするかを選ぶ。
② どの食材を使用するか、その食材は旬なのかを考える。
③ 旬の食材に相性のよいお茶をセレクトする。
④ ターゲットの客層を考える。そのターゲットに合った甘みの強弱、液量などを選ぶ。
⑤ 材料を組み立てる。

①～⑤を順番に紙に書いていくと完成しやすい。

四季やイベントから考えるためのヒント

☞春の場合

季節：桜が開花することで寒い冬が終わりを告げる。菜の花が咲き、暖かくて気持ちがよい日が訪れることから、春らしさをイメージする。
イメージする色：若葉など柔らかく暖かい色合いの黄、緑、ピンクなど、ソフトなトーン。
イベント：桜の花見、ひな祭り、ホワイトデー、卒業、入学、新学期、入社など。

☞夏の場合

季節：春の暖かい気候から梅雨を経て、暑い日々になる。緑も生い茂る。
イメージする色：青、黄、赤などはっきりしたトーンと青色系全般。
イベント：海の日、海開き、海水浴、スイカ割り、七夕、お盆、夏祭り、花火大会、夏休みなど。

考え方の例

夏に提供したいドリンクを考える。左の「季節商品のドリンク作成の流れ」の①〜⑤を当てはめていく。

① 夏の暑い時期に合った色鮮やかでさっぱりした、見栄えのよいドリンク。
② 夏が旬で、夏をイメージしやすいスイカを使用。
③ スイカと相性のよい玉露か茉莉花茶を使用。
   ・玉露の苦味が少なく甘くてまったりとした味わいに、スイカのほのかな酸味と甘みが入ることで味覚の3要素（P.50）が合わさりおいしいバランスになる。また、玉露の覆い香（海苔のような香り）は海の香りをかいだときに塩味を感じるような印象もあり、スイカに塩をふったときに甘く感じる香りのイメージと重なる。
   ・フローラルな香りの茉莉花茶がスイカのさわやかさと相性がよく、夏らしさを感じさせる。
   ・玉露も茉莉花茶も淡い水色（すいしょく）なので、スイカの色を損なわず活かすことができる。
④ SNSで写真を撮るような若い世代、持ち歩いて飲む世代。18〜23歳位の女性を想定。
⑤ 以上の要素を総合して、「スイカジャスミンスムージー」のような見栄えのあるドリンクを作るのがよいというアイデアに至る。似たようなドリンクでウォーターメロンティーネードもあるが酸味が少し強いので、若い世代には酸っぱく感じる可能性があることから候補から排除した。

☞ 秋の場合

季節：夏が終わり青々した木々の葉が赤く染まり、涼しくなる。収穫と豊穣の喜びに満ちた実り豊かな季節。
イメージする色：紅葉や秋が旬の食材などから想起する茶系の色合い。
イベント：運動会、文化祭、学園祭、紅葉狩り、ハロウィン、稲刈り、十五夜、お彼岸、遠足など。

☞ 冬の場合

季節：秋が終わって寒くなり、木々が枯れて幻想的な冬景色。しかし寒い中でもクリスマスや温かい鍋など、暖かさを感じることができる時季でもある。
イメージする色：寒さをイメージする白・黒系などの落ち着いた色合いと、暖色系の色合い。
イベント：クリスマス、お正月、節分、バレンタインデーなど。

Chapter

4

SWEETS TEA

スイーツティーとは

タピオカミルクティーのブームとともに、ティードリンクの新しいジャンルとして「スイーツティー」が生まれました。スイーツのように甘さと満足感のあるドリンクをスイーツドリンクと言い、中には「飲む」＋「食べる」という2つの要素を合わせた「ハイブリッドドリンク」などもあります。ハイブリッドドリンクの「飲みながら食べる」という変化は新しい発見で、今後さらに進化する可能性を秘めています。これらのスイーツドリンクで、お茶をベースとしたものが「スイーツティー」です。

お茶は香りが繊細であるため、強い香りや味の割材、ソース、シロップとはあまり相性がよくありません。しかし、お茶の特徴を理解して

セレクトすれば、相性のよい組み合わせを作ることはできます。

スイーツティーは、特に若い世代から支持を得ています。近ごろの若い世代は繊細な味わいのスイーツを食さない傾向にあります。苦味、酸味を強く感じてしまう味覚を持つため（詳細はP.10-11）、わかりやすい甘さの商品が好かれる傾向にあるからです。流行を作るSNS世代は、大人の味覚とは趣向が違います。ドリンクがただ甘いだけだと好き嫌いが別れますが、スイーツとして楽しめるようにすることで、世代による違和感も少なくなります。

スイーツティーは盛りつけによって見た目の華やかさが演出できます。SNSで発信したいと思わせやすく、ブームを生み出す可能性が高い点も魅力です。

HYBRID

茉莉花茶×スイカ×かき氷

ジャスミン&ウォーターメロン雪花冰

茉莉花茶の上にスイカ果汁で作った雪花冰をのせ、溶かしながらフルーツティーにして飲むこともできる。
「お茶を飲む」+「雪花冰を食べる」のハイブリッドドリンク。

材料（1杯分）

茉莉花茶（P.27・ICE）………150g
スイカ雪花冰*………適量
氷………適量

*材料（仕上がり約500g）:スイカ（搾汁したもの）400g、グラニュー糖100g、レモン果汁 5g
作り方:スイカの皮をむきコールドプレスジューサーで搾汁し、分量の果汁を用意する。スイカの果汁とグラニュー糖、レモン果汁を合わせてブレンダーで攪拌し、容器に入れて冷凍する。消費期限の目安は冷凍保存で約1カ月。

作り方

1 グラスに氷を入れ、「茉莉花茶」をそそぐ。
2 雪花冰用かき氷器（P.61）にスイカ雪花冰をセットし、**1** の上に削り、こんもりとした山型に盛る。

ICE □ HOT

アールグレイ×オレンジ×かき氷

アールグレイ&オレンジ雪花冰

HYBRID

柑橘系のベルガモットの香りがするアールグレイに、同じく柑橘系のオレンジを使った
雪花冰をのせたドリンク。夏向けのさっぱりしたテイストに仕上げた。

材料(1杯分)

氷………適量

アールグレイ(P.26・ICE) ………200g

オレンジ雪花冰*………適量

ドライオレンジ(スライス)………1枚

*材料(仕上がり約500g):オレンジ(搾汁したもの)400g、
グラニュー糖 100g
作り方はP.141と同様(ただしレモン果汁は不要)。消費期
限の目安は冷凍保存で約1カ月。

作り方

1 グラスに氷を入れ、アールグレイをそそぐ。

2 雪花冰用かき氷器(P.61)にオレンジ雪花冰をセ
ットし、1 の上に削りこんもりとした山型に盛る。ド
ライオレンジを飾る。

☑ ICE
☐ HOT

抹茶×牛乳×ホワイトチョコレート

抹茶ホワイトショコラ

抹茶の苦味とホワイトチョコレートの甘みはとても相性がよく定番の組み合わせ。
ミルクフォームと抹茶チョコレートをのせれば、さらにスイーツ感が増す。

材料（1杯分）

牛乳‥‥‥‥140g

抹茶ソース（P.33）‥‥‥‥20g

ホワイトチョコレートソース（P.34）‥‥‥‥20g

氷‥‥‥‥適量

ミルクフォーム（P.41）‥‥‥‥50g

抹茶チョコレート（削る）‥‥‥‥10g

抹茶‥‥‥‥少々

作り方

1 牛乳、抹茶ソース、ホワイトチョコレートソースをブレンダーで攪拌し、氷入りのグラスにそそぐ。

2 ミルクフォームをグラスの縁から入れ（P.57）、抹茶チョコレートをトッピングし、抹茶をふる。

【HOTの場合】
ミルクフォームと抹茶チョコレート以外を温めてカップにそそぎ、ミルクフォームと抹茶チョコレートをのせ、抹茶をふる。

ICE
HOT

ICE
☑ HOT

抹茶×牛乳×練乳

抹茶葛ミルク

牛乳に練乳を入れることで、よりミルキーな味わいに。抹茶の苦味と練乳の甘みのバランスがとれた、
濃厚でいて甘すぎないドリンク。葛粉でとろみをつけて、なめらかな飲み口に。

材料（1杯分）

牛乳………120g
練乳………20g
抹茶ソース（P.33）………20g
葛粉………10g

作り方

1 鍋にすべての材料を入れ、混ぜ合わせてから火に
かけ、弱火でとろみが出るまで温める。

ICE   HOT

ミルクティー×生キャラメル

キャラメルミルクティー

チーズフォームのコクと塩味が、香ばしさとほのかな苦味のある生キャラメルの味わいを際立たせる。
これらの素材と相性のよいミルクティーにすることですべてが調和する。

材料（1杯分）

氷‥‥‥‥適量
ミルクティー*（P.121・ICE）‥‥‥‥130g
生キャラメルソース（P.34）‥‥‥‥30g
チーズフォーム（P.42）‥‥‥‥50g
ピスタチオ（粗く刻む）‥‥‥‥2.5g
アーモンド（粗く刻む）‥‥‥‥2.5g

*このドリンクにおすすめの茶葉はウバ、アッサム。

作り方

1 グラスに氷を入れ、ミルクティーと生キャラメルソースをそそぎ混ぜる。

2 グラスの縁からチーズフォームをのせ（P.57）、ピスタチオとアーモンドを飾る。

【HOTの場合】

チーズフォームとナッツ以外を温めてカップにそそぎ、チーズフォームをのせてナッツをふる。

ミルクティー×クリームサンドクッキー×バニラアイス

オレオバニラミルクティー

ブラックココアが使われているクリームサンドクッキーのほろ苦さがミルクティーのまろやかさと好相性。
アイスクリームでバニラの香りを加え、トッピングのクッキーでザクザクとした食感の楽しさをプラス。

☑ ICE　□ HOT

材料（1杯分）

クリームサンドクッキー（オレオ）
　　………20g＋10g（トッピング用）

ミルクフォーム（P.41）
　　………30g＋50g（トッピング用）

ミルクティー（P.121・ICE）*………130g

バニラアイスクリーム………50g

氷………適量

＊このドリンクにおすすめの茶葉はウバ、アッサム、ほうじ茶。

作り方

1　クリームサンドクッキーはトッピング用も合わせて食品保存用のビニールバッグに入れ、麺棒で叩いて細かく砕く（写真①）。こうすると、カスなどが飛び散ることなく効率よく作業できる。

2　ミルクフォーム30gと 1 のうち20gをボウルに合わせ、ゴムベラで混ぜ合わせる（写真②）。

3　カップの側面にスプーンを使って 2 を塗る（写真③）。

4　ミルクティーとバニラアイスをブレンダーで撹拌する。

5　3 に氷を入れて 4 をそそぎ、トッピング用のミルクフォーム50gをのせ、1 の残りのクリームサンドクッキー－10gをのせる。

ミルクティー×黒ゴマ×白玉

黒ゴマ白玉ミルクティー

黒ゴマをなめらかなペーストにすることで、ゴマの香りが豊かに広がる。
あんを溶かしながら白玉を食べる、和菓子感覚のドリンク。

ICE
HOT

材料（1杯分）

白玉………60g

黒ゴマあん*2………50g

氷………適量

ミルクティー*1（P.121・ICE）………190g

ホイップクリーム（P.41）………50g

黒ゴマペースト（P.44）………10g

黒ゴマ………少々

*1　このドリンクにおすすめの茶葉はウバ、アッサム、ほうじ茶。
*2　材料（仕上がり約110g）:こしあん100g、黒ゴマペースト（P.44）10g
作り方:容器に材料を合わせて混ぜる。消費期限の目安は冷蔵保存で2〜3日。

作り方

1 グラスに白玉、黒ゴマあん、氷の順に入れ、ミルクティーをそそぎ、ホイップクリームを絞り袋に入れて絞る。

2 黒ゴマペーストをディスペンサーに入れ、**2**の表面に線状に斜めに絞り、黒ゴマをふる。

【HOTの場合】

白玉と黒ゴマあんを混ぜ合わせてカップに入れる。ミルクティーを温めてカップにそそぎ、ホイップクリームをのせ、黒ゴマペーストをディスペンサーに入れて絞り、黒ゴマをふる。

ミルクティー×こしあん×きな粉

しるこタピオカミルクティー

ミルクティーにこしあんを合わせた。チーズフォームの塩味が甘さを引き立て、
黒豆きな粉がコクを加える。白玉の代わりにタピオカを使い、よりもちもちとした食感に。

材料（1杯分）

こしあん………50g

黒糖タピオカ（P.48）………80g

氷……… 適量

ミルクティー*（P.121・ICE）………150g

チーズフォーム（P.42）………50g

黒豆きな粉………2g

*このドリンクにおすすめの茶葉はウバ、アッサム、ほうじ茶。

作り方

1 カップにこしあんと黒糖タピオカを入れ、混ぜ合わ
せる。

2 1に氷を入れてミルクティーをそそぎ、チーズフォー
ムをカップの縁からのせ（P.57）、黒豆きな粉をふ
る。

【HOTの場合】

1をカップに入れ、温めたミルクティーをそそぎ、チ
ーズフォームをのせ黒豆きな粉をふる。

ICE HOT

白桃烏龍茶×イチゴ×桜
桜ピーチティー

桜のほのかな香りにイチゴの甘酸っぱさと白桃烏龍茶のさわやかな香りを合わせた。
塩ミルクフォームが桜ゼリーの甘さを際立たせる。

材料（1杯分）

桜ゼリー（P.47）………60g
イチゴソース（P.37）………30g
氷………適量
白桃烏龍茶（P.26・ICE）………180g
塩ミルクフォーム（P.41）………50g
イチゴチョコレート（削る）………10g
桜クランチ………2g

作り方

1 グラスに桜ゼリーとイチゴソースを入れる。
2 1に氷を入れて白桃烏龍茶をそそぎ、塩ミルクフォームをカップの縁からのせ（P.57）、イチゴチョコレートと桜クランチをトッピングする。

☑ ICE □ HOT

ミルクティー×生クリーム×甘栗

モンブランラテ

モンブランとミルクティーを贅沢に合わせたドリンク。モンブランの栗の甘さがミルクティーをまろやかに。
飲む、食べる、混ぜて溶かしながら飲むなど、味の変化が楽しめる。

☑ ICE　☐ HOT

材料（1杯分）

氷………適量

ミルクティー*1（P.121・ICE）………180g

ホイップクリーム（P.41）………50g

甘栗モンブランペースト*2………50g

甘栗（砕く）………2個

*1　このドリンクにおすすめの茶葉はウバ、アッサム、ほうじ茶。

*2　材料（仕上がり約430g）：甘栗300g、グラニュー糖30g、ラムエッセンス 1g、生クリーム（乳脂肪分42%）100g

作り方：甘栗を電子レンジで軽く温め、グラニュー糖、ラムエッセンスとともにフードプロセッサーに入れて撹拌する（写真①、②）。細かく粉砕されたら少しずつ生クリームを加え、なめらかになるまで撹拌する（写真③、④）。消費期限の目安は冷蔵保存で2〜3日。

作り方

1 グラスに氷を入れてミルクティーをそそぎ、ホイップクリームを絞り袋に入れてドーム状に絞る。

2 モンブランプレス（P.61）に甘栗モンブランペーストを入れ、**1** の上に絞る（写真下）。

3 **2** の上に甘栗を飾る。

アールグレイ×ピスタチオ×ラムレーズン

アールグレイピスタチオラムレーズン

芳醇なラムレーズンを贅沢に使用。ピスタチオの香ばしさとベルガモットの香りの
アールグレイを合わせることで味が締まり、リッチな大人のドリンクに。

ICE
HOT

材料（1杯分）

ラムレーズン（P.49）
　　　………20g＋3個（トッピング用）
ラムレーズンの漬け汁………10g
氷………適量
アールグレイ（P.26・ICE）………160g
ピスタチオクリームフォーム（P.41）………50g

作り方

1 グラスにラムレーズン、ラムレーズンの漬け汁、氷、アールグレイの順に入れる。

2 1 にピスタチオクリームフォームをグラスの縁からのせ（P.57）、トッピング用のラムレーズン3個をのせる。

【HOTの場合】

茶器にアールグレイ（茶葉）3gを入れ、沸騰させたお湯150gを入れて3分間蒸らし、カップにそそぐ。ラムレーズンとラムレーズンの漬け汁を入れ、ピスタチオクリームフォームをのせてラムレーズンを飾る。

プーアル茶×牛乳×チョコレート

プーアルココアラテ

ドライフルーツのような甘い香りや土のようなニュアンスが特徴のプーアル茶。
その奥行きのある味わいがチョコレートに深みを与え、牛乳が全体をマイルドにまとめる。

ICE HOT

材料（1杯分）

ミルクプリン（P.46）………80g

チョコレートソース（P.33）
　　……15g+5g（仕上げ用）

氷………適量

ミルクティー：プーアル茶（P.121・ICE）
　　……150g

ホイップクリーム（P.41）………50g

作り方

1　カップにミルクプリンを入れ、上にチョコレートソース15gをかける。

2　1に氷、プーアルミルクティーの順に入れ、上にホイップクリームをのせ、仕上げ用のチョコレートソース5gをディスペンサーに入れて線状に絞る。

【HOTの場合】

カップにミルクプリンを入れ、チョコレートソース15gとプーアルミルクティーを温めてそそぎ、ホイップクリームをのせ、チョコソース5gを絞る。

ほうじ茶×こしあん×ホイップクリーム

ほうじ茶汁粉白玉ラテ

香ばしいほうじ茶と、もちっとした食感の白玉とあんの組み合わせは和菓子の定番。
ホイップクリームの乳脂肪が入ることでまろやかさが加わり、白玉クリームあんみつのような味わいに。

材料（1杯分）

白玉………8個（約60g）
こしあん………20g（トッピング用）＋10g
氷………適量
ほうじ茶（P.25・ICE）………100g
ホイップクリーム（P.41）………50g
ほうじ茶パウダー………少々

作り方

1 容器に白玉とトッピング用のこしあん20gを合わせて混ぜる。

2 グラスにこしあん10g、氷、ほうじ茶の順に入れ、ホイップクリームを絞る。

3 **2**の上に**1**をトッピングし、ほうじ茶パウダーをふる。

【HOTの場合】
こしあんをカップに入れる。ほうじ茶（茶葉）3gに沸騰したお湯150gを入れ1分間蒸らしてカップにそそぎ、ホイップクリームをのせて**1**を飾り、ほうじ茶パウダーをふる。

ICE
HOT

157

玄米茶×粒あん×カスタード

玄米茶汁粉ラテ

香ばしい香りの玄米と粒あん餡に、カスタードフォームの味わいがコクをプラス。
柔らかい求肥とカリッとした玄米。2つの食感が楽しめるトッピング。

ICE
HOT

材料（1杯分）

粒あん………40g

氷………適量

ミルクティー:玄米茶（P.121・ICE）………150g

カスタードフォーム（P.42）………90g

求肥………10個

玄米（ローストしたもの）………少々

作り方

1 グラスに粒あんと氷を入れて、玄米茶ミルクティーをそそぐ。

2 1の上にカスタードフォームをグラスの縁からのせる（P.57）。

3 2の表面の半分に求肥、半分に玄米をトッピングする。

【HOTの場合】

粒あんをカップに入れ、玄米ミルクティーを温めてそそぎ、カスタードフォームをのせる。表面の半分に求肥、半分に玄米をトッピングする。

アールグレイ×ココナッツ×フルーツ×タピオカ

チェー

ベトナムのローカルデザート「チェー」をティードリンク仕立てに。ココナッツミルクはサラサラの液体タイプを
使用するのがポイント。ココナッツファインをたっぷりふりかけると、香りと食感が増す。

VICE / HOT

材料(1杯分)

イチゴ………60g

パイナップル………60g

アールグレイシロップ(P.36)………50g

氷………適量

ココナッツミルク………150g

三温糖タピオカ(P.48)………60g

ココナッツファイン………2g

作り方

1 イチゴはヘタを除いて縦半分に、パイナップルは
2cm角にカットする

2 グラスにアールグレイシロップをそそぎ、氷と**1**を交
互に入れる。

3 **2**にココナッツミルクをそそいで三温糖タピオカを
のせ、ココナッツファインをふる。

【HOTの場合】
ココナッツミルクとアール
グレイシロップを温めてカ
ップにそそぎ、フルーツと
三温糖タピオカを加える。
フルーツはバナナやオレン
ジなど、温めてもおいしい
ものが向く。

金萱烏龍茶×ホワイトチョコレート×チーズ

金萱ホワイトチョコドリンク

ミルクのような甘い香りとさっぱりした後味が特徴の金萱烏龍茶をミルクティーに。
チーズフォームとホワイトチョコレートを混ぜることでスイーツのような味わいのドリンクに仕上げた。

材料(1杯分)

チーズフォーム(P.42)………40g
チョコレートソース(P.33)
　　………10g+5g(仕上げ用)
氷………適量
ミルクティー:金萱烏龍茶(P.121・ICE)
　　………180g
ホワイトチョコレートソース(P.34)………30g

作り方

1 チーズフォームとチョコレートソース10gを軽く混ぜてマーブル模様にする。

2 グラスに氷を入れ、金萱烏龍茶ミルクティーとホワイトチョコレートソースをそそいで軽く混ぜる。

3 **2**に**1**をのせ、仕上げ用のチョコレートソース5gをかける。

☑ ICE　□ HOT

ほうじ茶×スパイス×チョコレート

チリチョコレートほうじ茶

数種類のスパイスから作ったチリシロップは豊かで複雑な香りが特徴。
チョコレートを合わせ、ほうじ茶の焙煎香で香ばしさをプラスした大人のチョコレートドリンク。

材料（1杯分）

ほうじ茶（P.25・ICE）………160g
チリシロップ（P.35）………20g
チョコレートソース（P.33）………20g
七味唐辛子………一つまみ

作り方

1 鍋に七味唐辛子以外のすべての材料を合わせて
中火にかけ、沸騰直前まで温めてカップにそそぐ。

2 七味唐辛子をふる。

【ICEの場合】
グラスにほうじ茶（ICE）、チリシロップ、チョコレート
ソース、氷の順にそそぎ軽く混ぜ合わせ、七味唐
辛子をふる。

ICE □ HOT

金萱烏龍茶×ラズベリー×チョコレート×ピスタチオ

ピスタチオ&ラズベリーチョコレートティー

金萱烏龍茶のミルキーさとラズベリーの甘酸っぱさ、チョコレートの苦味のバランスがよく、
さっぱりと仕上げたドリンク。ピスタチオペーストでコクを加えた。

材料（1杯分）

チョコレートソース（P.33）………15g
金萱烏龍茶（P.22・ICE）………100g
フランボワーズソース（P.37）………20g
氷……… 適量
ホイップクリーム（P.41）………50g
ピスタチオペースト（P.44）………5g
ピスタチオ………1粒

作り方

1 グラスにチョコレートソースを入れる。

2 容器に金萱烏龍茶とフランボワーズソースを混ぜ
合わせ、氷を入れた 1 にそそぐ。

3 上にホイップクリームを絞り袋に入れて絞り、ピス
タチオペーストをディスペンサーに入れて絞り、ピス
タチオを飾る。

英徳紅茶×サツマイモ×チーズ×ハチミツ

焼き芋ゴルゴンゾーラハチミツスムージー

ゴルゴンゾーラチーズで作る大人のチーズフォームに、相性のよいハチミツと、
芳醇で蜜のように甘やかな香りの英徳紅茶を合わせた。ゴルゴンゾーラ好きにはクセになるドリンク。

☑ ICE ☐ HOT

材料（1杯分）

牛乳………120g

焼きイモペースト（冷凍したもの）*………60g

英徳紅茶シロップ（P.36）………35g

ハチミツ………5g

氷………60g

芋丸 サツマイモ（P.48）………70g

ゴルゴンゾーラチーズフォーム（P.42）
　　　………50g

*材料（仕上がり約360g）：焼きイモ300g、グラニュー糖
15g、ラムエッセンス5g、生クリーム（乳脂肪分42%）50g
作り方：焼きイモ、グラニュー糖、ラムエッセンスをフードプロセッサーに合わせて撹拌する。粉砕されたら少しずつ生クリームを入れながら撹拌し、なめらかな状態にする。消費期限の目安は冷蔵保存で2〜3日、冷凍保存で1ヵ月。

作り方

1 ブレンダーに牛乳、焼きイモペースト（冷凍したもの）、英徳紅茶シロップのうち30g、ハチミツ、氷を合わせて撹拌する。

2 容器に芋丸 サツマイモと、残りの英徳紅茶シロップ5gを合わせてグラスにそそぐ。

3 **2** に **1** をそそぎ、ゴルゴンチーズフォームをグラスの縁からのせる（P.57）。

英徳紅茶×紫イモ×チーズ

紫芋スムージー

紫芋タルトのような濃厚な味わいが、英徳紅茶やチーズフォームと合わせることで複雑で新しいテイストに。
紫イモのペーストは市販品に手を加えてリッチに仕上げた。さまざまな食感が楽しめるドリンク。

ICE □ HOT

材料（1杯分）

牛乳………120g

紫イモペースト（冷凍したもの）*………60g

英徳紅茶シロップ（P.36）………35g

氷………70g

芋丸 紫イモ（P.48）………70g

紫イモペースト*………50g

チーズフォーム（かため）（P.42）………50g

*材料（仕上がり約350g）:紫イモペースト（市販品・冷凍）200g、グラニュー糖 100g、生クリーム（乳脂肪分42%）85g、ラム酒5g
作り方:すべての材料を鍋に合わせて中火にかけ、混ぜながら温める。とろみがついたら火からおろして冷まし、フードプロセッサーで撹拌してなめらかな状態にする。消費期限の目安は冷蔵保存で2〜3日、冷凍保存で1ヵ月。

作り方

1 ブレンダーに牛乳、紫イモペースト（冷凍したもの）、英徳紅茶シロップのうち30g、氷を合わせて撹拌する。

2 容器に芋丸 紫イモと残りの英徳紅茶シロップ5gを混ぜ合わせてカップにそそぐ。

3 2 に 1 をそそぎ、チーズフォームをカップの縁からのせる（P.57）。

4 モンブランプレス（P.61）に紫イモペーストを入れ、3 の上に絞る。

料理とのマリアージュ

　ティードリンクと料理やスイーツとのマリアージュ（相性のよい組み合わせ）は、実はかなり昔から行われていました。料理とティードリンクのマリアージュはおいしく食事をするための効能や香りと味覚のバランスをとりつつ、量を考えます。

　レストランなどでは食後にコーヒーや紅茶、熱々のお茶が提供されています。それはドリンクに含まれているカフェインにストレス緩和効果があるとされているためです。食事の際のストレスは、食後にそれらを飲むことで緩和されます。

　マリアージュと同じく、効能もとても重要です。たとえば、烏龍茶は油や脂肪を乳化させることなどから、口の中の脂っこさを低減させる効果があるとされています。さらにお腹の中で乳化した油脂にお茶に含まれるポリフェノールの1種であるカテキンが吸着して、乳化を分解することで脂分は吸収されずに排出されるとされています。赤ワインと同じようなポリフェノールの成分が烏龍茶にも入っています。そのため、脂肪分のある肉や魚料理など油分の強いものは烏龍茶との相性がよいのです。

　油を使用する料理が多い中国では烏龍茶を飲むことでバランスをとっているほか、フィンガーボウル（食事中に卓上で指先を洗うための容器）の中の液体も烏龍茶が使われることが多いのです。

●まず香りから、次に味・量

　マリアージュを考えるときは、まずメインの食べ物の香りに共通する、または引き立て合うことができる香りを考えます。

　似たもの同士を合わせると、相乗効果でよりおいしく感じます。ただし同じ要素でもお互いの主張が強過ぎるとバランスを崩すので、メインよりも弱い要素のものを合わせると上手くいきます。たとえば、レモンの香りがほのかにする食べ物には柑橘系の香りがするアールグレイなどを合わせると、レモン感が強くなりおいしくなるといった感じです。反対の考え方として、メインに足りない要素や異なる要素のドリンクを組み合わせることで、メインを引き立てることもできます。

　肉料理には酸味のソースが多く使われます。そうした肉料理に酸味系のアレンジティードリンクを合わせると、肉料理に飽きることなく食べることができます。香りを理解するとマリアージュの幅も広がります。

　次に味覚で感じる甘み、辛味、苦味、酸味、旨味はバランスをとることでさらにおいしさを感じやすくなります。

　甘いものには甘みをマイルドにする苦味や酸味を、旨味を引き立てるなら甘みや苦味などを合わせるというように、メインとドリンクのバランスをとります。味覚のロジックについては「香り・味・食感のバランスのとり方」(P.50-51)

をご参照ください。

　香りと味覚を合わせたら量を考えます。食べ物のボリュームに合わせ、食べることと飲むことが同時に終わるような量にします。たとえばメインの量が多い場合、それに合わせて液量も多くなります。そうしたドリンクはさっぱり仕上げるとよいでしょう。メインの味が濃く量が少ない場合は、少量の濃厚なドリンクを合わせます。

● TPO に合わせた提案を

　ドリンクはあくまでも補助的な存在であり、メインの料理やスイーツ、会話、音楽、時間などそれぞれの TPO にあわせて提案することが理想です。夏なら量の多いさっぱりしたドリンクが好まれるように見えますが、実は食後に飲むドリンクは濃い目のドリンクが好まれます。それは夏の料理はさっぱり仕上げられていることが多いからです。そのため、食後は真逆のドリンクを飲むことで全体の満足感が上がります。

　メインを理解することで、いろいろなマリアージュの提案ができます。マリアージュはメインを知ることからスタートすると言ってもよいでしょう。飲み終わりまでを想像することで、より適したティードリンクを作ることができます。いま、若い世代を中心にアルコールを好まない人口が増えていて、そうした層に向けて居酒屋やお酒の席でアルコールに変わるドリンクとして新しいソフトドリンクのニーズが生まれています。ティードリンクもそのニーズを満たすものとして、新たな可能性を秘めています。

Chapter

5

OTHERS

アザーズについて

コーヒーや甘酒、ティーシロップ、野菜など、さまざまな割材を使ったバラエティ豊かなティードリンクがあります。そうしたさまざまなティードリンクを「アザーズ」として本章でまとめました。

たとえば、香港には鴛鴦茶というコーヒーに紅茶、無糖練乳などを混ぜて飲むドリンクがあります。コーヒーと紅茶、という相容れないように見える飲料同士でも、合わせ方によっておいしくなるという好例です。

緑茶の苦味と甘酒の甘みも好相性です。甘酒は米糀から作られ、緑茶はご飯と相性がよいため、相性のよさがイメージしやすいでしょう。甘酒はお米より甘いので、苦味が強い抹茶ともよく合います。

ティードリンクはお茶をベースにするのが一般的ですが、お茶の日持ちをよくするため、また、ドリンクの味わいを濃くするために茶葉をシロップにした「ティーシロップ」を使うのも一つの手です。ティーシロップをベースとなるフルーツの搾り汁や牛乳、炭酸水に入れるだけで、おいしいティードリンクになります。

野菜などはコールドプレスジューサーで搾汁し、裏漉ししてピュアな液体にすることにより、野菜の甘みと香りを感じられるすっきりとした味わいのドリンクに変化します。

TPOを考え、どのような環境でどのようなお客さまが飲むかをイメージすることができれば、それに合ったドリンクを作ることができます。まだまだいろいろな割材があります。

ティードリンクのアレンジの可能性には限りがありません。

茉莉花茶×レモン

ナイトロ・ジャスミンレモネード

ジャスミンティーとレモンを合わせると渋みが強くなるが、窒素ガス(Nitrogen。ナイトロまたはニトロ)を
添加することで渋みが和らぐ。まろやかな口あたりとクリーミーな味わいですっきりと飲みやすいドリンクに。

材料(1杯分)

茉莉花茶(P.27・ICE)……… 320g
レモンソース(P.39)……… 80g
窒素ガス*………適量

＊取扱いに関する注意点:ガスボンベの周辺2mは火気厳
禁。屋外使用・店舗外への移動禁止。

作り方

1 茉莉花茶とレモンソースをナイトロサーバーのタンク(P.61)に入れ(写真①)、タンクのヘッドを閉める。

2 窒素ガスボンベのバルブを開け、ガスジョイントをタンクの注入口に押し込み充填する(写真②)。

3 ガスの音が止まったらガスジョイントを外し、バルブを閉め、タンクを上下に振る。

4 タンクのレバーを手前に引き、グラスに抽出する(写真③)。

抹茶×三温糖

ナイトロ・抹茶

抹茶は点てることで表面にきめ細かな泡ができ、口あたりはクリーミーに、味わいはまろやかに。
窒素ガスを添加することで、点てた抹茶に近い状態を作ることができる。

材料（1杯分）

お湯（75℃）………450g
抹茶（石臼挽き）………45g
三温糖………90g
窒素ガス*………適量

＊取扱いに関してはP.173参照。

作り方

1 容器にお湯をそそぎ、抹茶を茶漉しでふるいながら加えてかき混ぜ、5分間蒸らす。三温糖を加え混ぜ、溶かす。

2 氷をはったボールの上で冷やし、ハンドブレンダーで攪拌する。

3 2をナイトロサーバーのタンクに入れ、P.173の作り方2〜4手順でグラスに抽出する。

ICE □ HOT

174

金萱烏龍茶×エスプレッソ×ローズマリー×フルーツ

カフェ&フルーツティー

多くの香気成分を持つコーヒーのエキスを凝縮させたエスプレッソには、同じ香りのフルーツやナッツを足すと味わいのバランスがとれる。キンモクセイに似た香りの金萱烏龍茶を合わせ、ローズマリーをアクセントに。

材料（1杯分）

フランボワーズソース（P.37）………20g

氷………適量

フランボワーズ………8個

イチゴ………4個

ブドウ（赤、緑）………各4個

ローズマリー………1本

金萱烏龍茶（P.22・ICE）………120g

レモンソース（P.39）………10g

エスプレッソ………25g

作り方

1 グラスにフランボワーズソースを入れる。

2 1に氷を入れ、フランボワーズ、イチゴ、ブドウ、ローズマリーを順番に入れる。

3 金萱烏龍茶とレモンソースを合わせて2にそそぎ、エスプレッソをフロートする。

☑ ICE □ HOT

175

アールグレイ×エスプレッソ×塩ミルク

塩アールグレイカフェラテ

カフェラテに柑橘類のベルガモットの香りのアールグレイシロップを加え、さわやかさをプラス。
塩ミルクフォームで甘みを引き立たせたドリンク。

材料（1杯分）

アールグレイシロップ（P.36）………25g
氷………適量
牛乳………80g
エスプレッソ………25g
塩ミルクフォーム（P.41）………50g

作り方

1 グラスにアールグレイシロップと氷を入れ、牛乳を
そそいでエスプレッソをフロートする。

2 1に塩ミルクフォームを静かにのせる。

【HOTの場合】

アールグレイシロップと牛乳を温めてカップにそそ
ぎ、エスプレッソを加えて塩ミルクフォームをのせ
る。

抹茶×甘酒

抹茶甘酒

麹や白い花、メロンやリンゴの香りを持つ甘酒に、香り高い抹茶を合わせた。
甘酒の甘みに抹茶のほろ苦さが加わることで味わいがマイルドになり、軽やかな飲み口に。

材料（1杯分）

氷………適量
甘酒………90g
抹茶ソース（P.33）………20g

作り方

1 グラスに氷と甘酒を入れ、抹茶ソースをフロートする。

【HOTの場合】
甘酒と抹茶ソースを合わせて温め、カップにそそぐ。

ICE　HOT

キーモン紅茶×イチゴ×甘酒

キーモンストロベリー甘酒

キーモン紅茶特有のバラのような香りを活かし、イチゴと甘酒のフローラルな香りと甘さを合わせた
心地よい香りのドリンク。色みの可愛らしさも魅力。

材料（1杯分）

イチゴ（赤）………1個
イチゴ（白）………2個
氷………適量
キーモン紅茶（P.24・ICE）………60g
甘酒………60g
イチゴソース（P.37）………20g

作り方

1 イチゴ（赤）と（白）1個はそれぞれヘタを除き縦半
　分にカットする。

2 グラスに氷と**1**を交互に入れ、キーモン紅茶、甘
　酒、イチゴソースをそそいで軽く混ぜる。

3 グラスの縁に残りのイチゴ（白）を飾る。

☑ ICE　□ HOT

東方美人茶×パプリカ×キウイ

東方美人パプリカキウイ

パプリカとキウイの甘さに、熟れたマスカットの甘い呑りを持つ東方美人茶を合わせた。
潰したキウイの質感が、ドリンクに自然なとろみをつけ、飲み口がまろやかに。

材料（1杯分）

東方美人茶（P.21・ICE）………30g
キウイ………30g
グラニュー糖………10g
パプリカ（ドリップした搾り汁）………30g
キウイ（スライス・半月切り）………3枚
氷………適量

作り方

1 半分にカットして種を除いたパプリカをコールドプレスジューサーで搾汁する。

2 コーヒー用のドリッパーにペーパーフィルターをセットし、容器の上に置く。ここに**1**をそそいで漉し、分量の搾り汁を用意する。

3 シェーカーに皮をむいたキウイ30gとグラニュー糖を合わせてペストルで潰す。

4 東方美人茶、**2**、氷を入れてシェークし、グラスにそそぐ。キウイを飾る。

☑ ICE ☐ HOT

179

ICE □ HOT

金萱烏龍茶×トマト×ヨーグルト

トマトヨーグルトティー

ミニトマトをコールドプレスジューサーで搾汁し、さらにペーパードリップした濁りのないトマトドリンクを使用。
甘みを少し加えることでフルーティーな味わいに。

材料（1杯分）

ミニトマト（ドリップした搾り汁）………20g
飲むヨーグルト………40g
金萱烏龍茶（P.22・ICE）………40g
グラニュー糖………10g
氷………適量

作り方

1 ヘタを除いたミニトマトをコールドプレスジューサー
で搾汁し、P.179の作り方**2**の要領で漉し、分量
の搾り汁を用意する。

2 シェーカーに**1**、飲むヨーグルト、金萱烏龍茶、グラ
ニュー糖を合わせて軽く混ぜてから氷を入れ、シェ
ークする。

3 グラスに氷を入れ、**2**をそそぐ。

抹茶×杏仁豆腐×豆乳

抹茶杏仁豆乳

アーモンドの香りの口あたりなめらかな杏仁豆腐と豆乳を合わせた。
抹茶のさわやかな香りと、杏仁豆腐のマイルドな甘さで、さっぱりした仕上がりに。

材料（1杯分）

杏仁豆腐（P.46）………80g
氷………適量
抹茶ソース（P.33）………30g
豆乳………130g

作り方

1 グラスに杏仁豆腐を入れ、氷を入れる。

2 容器に抹茶ソースと豆乳を合わせて混ぜ、1にそそぐ。

茉莉花茶×ユズ

ジャスミン柚子ティー

フローラルで甘い香りのジャスミンシロップに、ユズのエスプーマを合わせた。
柑橘のさわやかさと酸味が加わり、さっぱりしたドリンクに。

材料（1杯分）

氷………適量
ジャスミンシロップ（P.36）………30g
水………120g
エスプーマ・ユズ（P.43）………20g

作り方

1 グラスに氷を入れ、ジャスミンシロップと水をそそ
ぎ、混ぜる。
2 1の上にエスプーマ・ユズを抽出する。
【HOTの場合】
ジャスミンシロップと水を合わせて温め、カップにそ
そぎ、上にエスプーマ・ユズを抽出する。

ICE
HOT

アールグレイ×ショウガ×レモン

アールグレイジンジャーレモネード

アールグレイシロップにレモンシロップを合わせることで甘みが引き締まる。
エスプーマ・ジンジャーをのせ、ピリッとした辛みがアクセント。

材料（1杯分）

レモンソース（P.39）………20g
水………100g
アールグレイシロップ（P.36）………20g
氷………適量
エスプーマ・ジンジャー（P.43）………20g
レモンの表皮（細切り）………少々

作り方

1 容器にレモンソースと水を合わせ、混ぜる。
2 グラスにアールグレイシロップ、氷の順に入れ、1をそそぐ。
3 2の上にエスプーマ・ジンジャーを抽出し、レモンの表皮を飾る。

【HOTの場合】
アールグレイシロップから水までの材料を温めてカップにそそぎ、エスプーマ・ジンジャーを抽出し、レモンの表皮を飾る。

ICE HOT

☑ ICE ☐ HOT

アールグレイ×オレンジ×炭酸

オレンジティーソーダ

オレンジと同じ柑橘類の香りのアールグレイ。
甘さの中にも柑橘のスッキリした香りが感じられ、炭酸の喉越しでさっぱりとした飲み口に。

材料（1杯分）

オレンジ（搾汁したもの）………50g
氷………適量
アールグレイシロップ（P.36）………20g
強炭酸水………50g
オレンジ（8等分のくし形切り）………1個

作り方

1 オレンジを半分にカットしてスクイーザーで絞り、分量の果汁を用意する。

2 グラスに氷を入れ、アールグレイシロップと**1**をそそぎ軽く混ぜる。

3 **2**に静かに強炭酸水をそそぎ、オレンジを飾る。

紅茶×スパイス×牛乳

マサラチャイ

スパイスとウバ茶を煮込んで作るマサラチャイシロップは、ホット・アイスにかかわらず牛乳と合わせると
香りよくおいしく仕上がる。そそぐだけですぐに提供できるオペレーションの簡単さも魅力。

材料（1杯分）

マサラチャイシロップ（P.35）………30g
牛乳………120g
クラッシュアイス………適量

作り方

1 グラスにすべての材料を合わせて軽く混ぜる。
   【HOTの場合】
   マサラチャイシロップと牛乳を合わせて温め、カップにそそぐ。

Chapter

6

ALCOHOL & TEA

アルコール&ティーとは

　シンプルなアルコール&ティーには、ウーロンハイや緑茶ハイがあります。こうした酎ハイでよく使われる甲類焼酎はクセがなくまろやかなもの、キレのあるもの、甘さがあるものとさまざまですが、お茶とよく合います。

　ウォッカやウイスキーなどのスピリッツはエキスが溶け出しやすく、茶葉を漬け込むことでお茶の香りや味のついたスピリッツを作ることができます。

　近年、ハーブやスパイスなどを漬け込んだインフューズド（infused）のお酒も登場しました。

インフューズ（infuse）には水に浸す、漬け込む、染み込ませるなどという意味があり、新しいお酒のスタイルとしてバーでそれぞれの店のオリジナルとして作られています。

　本書ではその手法を用いて、茶葉をお酒に漬け込んだドリンクベースを作りました。たとえば「白桃烏龍茶インフューズドウォッカ」は、ウォッカに白桃烏龍茶の茶葉を漬け込んだものです。ウォッカは無味無臭のため、すべての茶葉とよく合います。

　お酒に足りない要素をお茶やハーブ、スパイスで足すイメージで作ると、アルコール&ティードリンクは成功しやすいでしょう。

ICE □ HOT

茉莉花茶×梅酒

ジャスミン梅酒

フローラルで苦味のある茉莉花茶にフルーティーな香りの
梅酒の甘酸っぱさが絶妙のバランス。

材料（1杯分）

茉莉花茶（P.27・ICE）………60g
梅酒………20g
氷………適量

作り方

1 グラスにすべての材料を合わせて混ぜる。

玉露×ジン×トニックウォーター

玉露ジントニック

ジュニパーベリーの香りが特に強いキングスバリー ビクトリアンバット・ジンは、
ふくよかで覆い香が特徴の玉露と相性がよい。トニックウォーターが味を引き締める。

材料（1杯分）

氷………適量
ジン（キングスバリー ビクトリアンバット）
　　………20g
玉露（P.25・ICE）………50g
トニックウォーター………70g
レモン（スライス）………1枚

作り方

1　グラスに氷を入れ、ジン、玉露、トニックウォーターを
　　そそぎ混ぜる。
2　1 にレモンを飾る。

金萱烏龍茶×バーボン

バーボン金萱ソーダ

濃厚なバニラとカラメル、洋梨のようなフルーティーな香りのワイルドターキーに
ナッツのフレーバーを持つ金萱烏龍茶を合わせた香りで味わうドリンクに。

☑ ICE □ HOT

材料（1杯分）

氷………適量

金萱烏龍茶インフューズドバーボン*………45g

強炭酸水………130g

食用バブル溶液………適量

オークチップ（燻製用）………適量

*材料は、金宣烏龍茶（茶葉）10g、ワイルドターキー（バーボン）100g。作り方は下記「インフューズのテクニック」参照。

作り方

1 グラスに氷を入れ、金宣烏龍茶インフューズドバーボン、強炭酸水をそそぎ、混ぜる。

2 卓上のスモーク器（ミニスモーカー・P.61）にチューブを接続し、先端にバブル用のコネクタを取り付ける。コネクタを食用バブル溶液に浸し、スモーク器の頭頂部にオークチップをのせてチップに火をつける。しばらくしたらチップが燻され、燻煙が流れてくることでバブルがふくらむ（写真①）。

3 バブルをドリンクの上にのせる（写真②）。

4 提供時にバブルを弾けさせると煙があふれ出し、特別感のある演出ができる（写真③）。

インフューズのテクニック

アルコールにスパイスやハーブなどを漬け込む手法を「インフューズ」といい、漬け込むことで香りや味をアルコールに移す。材料にある「金萱烏龍茶インフューズドバーボン」は、バーボンに金萱烏龍茶（茶葉）を漬け込んだもの。

作り方

1 ティーバッグに茶葉を詰める。

2 密閉容器に1とアルコールを入れ、冷暗所で1日ねかす。

ラプサンスーチョン×ブランデー×リンゴ×ハチミツ

ラプサンスーチョン
ハニーアップルブランデー

独特なスモーキーフレーバーのラプサンスーチョンはリンゴと相性がよい。
アップルブランデーで香りをつけたトッピングの焼きリンゴは、シナモンの香りと甘さとコクをドリンクにプラス。

ICE □ HOT

材料（1杯分）

氷………適量

水………120g

ラプサンスーチョンインフューズド
　　アップルブランデー*1（P.191）………30g

焼きリンゴ*2………50g

ハチミツ………5g

シナモンパウダー………少々

*1　材料は、ラプサンスーチョン（茶葉）10g、アップルブランデー100g
*2　材料:リンゴ、バター、グラニュー糖、シナモンスティックすべて適量
作り方:リンゴは皮をむいてくし形に切り一口大にカットする。バターを半量まで溶かしたフライパンにリンゴとシナモンスティックを入れて焦がさないように両面を焼き、柔らかくなったらグラニュー糖を好みで加えてキャラメリゼする。消費期限の目安は冷蔵保存で1～2日。

作り方

1　グラスに氷と水を入れ、ラプサンスーチョンインフューズドアップルブランデーをフロートさせる。

2　1に静かに焼きリンゴをのせ、ハチミツをかけ、シナモンパウダーをふる。

荔枝烏龍茶×茉莉花茶×グレープフルーツ×塩

ソルティーライチティー

ライチの華やかな香りとグレープフルーツの酸味は抜群の相性。荔枝烏龍茶と茉莉花茶を合わせ
フルーティーさにフローラルな香りが加わったドリンクに。ピンクソルトがフルーツの甘みを引き立てる。

材料（1杯分）

グレープフルーツ（搾汁したもの）………120g
レモン（スライス）………1枚
ピンクソルト………少々
氷………適量
ライチソース（P.37）………30g
荔枝烏龍茶・茉莉花茶インフューズドウォッカ
　（P.191）*………30g

*材料は、荔枝烏龍茶（茶葉）5g、茉
莉花茶（茶葉）5g、ウォッカ100g

作り方

1 グレープフルーツは半分にカットしてスクイーザー
で絞り、分量の果汁を用意する。

2 レモンをグラスの縁に塗りピンクソルトを付着させる
（P.57）。

3 グラスに氷を入れ、1とライチソースをそそぎ軽く
混ぜ、荔枝烏龍茶・茉莉花茶インフューズドウォッ
カをフロートさせる。

☑ ICE ☐ HOT

白桃烏龍茶×ウォッカ×オレンジ×桃

ファジーネーブルティー

ファジーネーブルとは「曖昧なオレンジ」という意味。白桃烏龍茶の桃の香りとオレンジの酸味で
心地よく全体を引き締めた。フルーティーなオレンジアイスティーのアレンジスタイル。

材料（1杯分）

オレンジ（搾汁したもの）⋯⋯⋯100g
ピーチソース（P.37）⋯⋯⋯30g
氷⋯⋯⋯適量
白桃烏龍茶インフューズドウォッカ（P.191）*
　　⋯⋯⋯20g

＊材料は、白桃烏龍茶（茶葉）10g、ウォッカ 100g

作り方

1 オレンジは半分にカットしてスクイーザーで絞り、分
量の果汁を用意する。

2 グラスにピーチソースと氷を入れ、**1**をそそぎ、白
桃烏龍茶インフューズドウォッカをフロートさせる。

ICE □ HOT

アールグレイ×ウォッカ×トマト

ブラッディメアリーティースタイル

カクテルでファンの多いブラッディメアリー。ベルガモットが香るアールグレイティーにトマトを合わせ、
アクセントにセロリを。ベーコンストローは最後に食べても◎。

ICE □ HOT

材料（1杯分）

氷………適量
トマト（搾汁したもの）………210g
アールグレイインフューズドウォッカ（P.191）*¹
………40g
レモン果汁………10g
黒コショウ………少々
タバスコ………1滴
リーペリンソース*²………1g
ベーコンストロー*³………2本
セロリの葉………適量
ドライレモン（スライス）………2枚

＊1　材料は、アールグレイ（茶葉）10g、ウォッカ 100g
＊2　ウスターソースの原点ともいわれているイギリスのソー
ス。野菜に加えてタマリンドやアンチョビも入っていて、コク
深い味わい。
＊3　材料：ベーコン適量
作り方：金属ストローにタコ糸を縛り付ける。ベーコンを巻き
つけながらタコ糸で締め付ける（写真①）。フードドライヤー
に入れ40℃で1日水分を飛ばし、乾燥したら糸を外しストロ
ーから外す（写真②）。消費期限の目安は密閉容器に乾燥
剤と一緒に入れて常温で保存、1週間以内。

作り方

1 グラスに氷を入れ、搾汁したトマト、アールグレイイ
ンフューズドウォッカ、レモン果汁をそそぎ軽く混ぜ
る。

2 1に黒コショウ、タバスコ、リーペリンソースを入れ
ベーコンストロー、セロリの葉、ドライレモンを飾る。

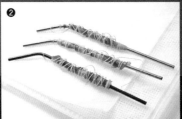

開業について

　2019年、日本ではタピオカミルクティーのティーショップの開業ラッシュが続き、中国や台湾で人気の高い店も続々オープンしました。お店ごとにいろいろなスタイルがあり、個人経営から企業経営の店舗、オーセンティックなカフェ、TOGO（持ち帰り）専門店、イートインスペースがある大型店舗までさまざまです。

●店のスタイルを決めるには

　どのスタイルにするかの考え方は、実はとてもシンプルです。「やりたいことから場所を選ぶ」か「場所からやれることを選ぶ」かです。やりたいことがあるならそれに合う立地を探します。

　たとえばオーセンティックなカフェを目指すなら、1本裏に入った路地に店を構えることで"わざわざ行くという行為"がブランドを作ります。こうしたお店は口コミが重要です。通りがかりで気づいてもらえる確率が低いので、このお店に行きたい何かがSNSで伝わると集客に繋がります。ほかのお店にない売り、コストパフォーマンス、誰かに話したくなるようなオリジナリティーが大切です。

　反対にチェーン展開して誰もができるようなマニュアル化されたお店にしたいなら、駅前や路面など人通りが多い場所を選びます。スタイルより利便性が重要なのです。サイン（看板）も大事です。人通りの多い場所に出店し、いか

に気づいてもらうかが大切だからです。また、そうした立地は家賃も高くなるため、回転率のよいスタイルにすることが望まれます。なにかにこだわり過ぎることで回転率が下がり、お客さまは来るけれども利益が出ない……ということにならないように気をつけましょう。

　場所から選ぶならその場所にあった店作りをします。路面店、駅前、大学近く、2階、地下1階、商業施設などさまざまな場所がありますが、同じ条件でも駅が違えばお客さまの層も変わります。その場所をリサーチし「どのようなお客さまが利用するのか？」「ほかの地域からお客さまを集客するにはよい環境か」を調べることが重要です。

　やりたいことと場所が、お店の骨格の大半を作ると言ってもよいのです。

●要確認、設備サイズと電圧

　場所の候補が決まったら設備が入るかどうかを検討します。お店の内容によって、必要な設備や機械がでてきます。設備は売上と直結するため、もっとも重要な投資になります。ここで大事なのは、MAXで売上を上げるための設備や機械のサイズを考えること。最小の売上のサイズでは売上を取りたくても取れなくなってしまうからです。設備や機械が決まったらサイズと電気の容量が足りているのかを調べます。ガスがなければ電気に頼らないといけないため、

TOGO（テイクアウト）スタイルのティーショップでも150A（アンペア）は使用します。小さい店舗が見つかり、すぐに契約して内装デザインが終わり設備や機械を取り付けるタイミングで電圧が足りないことに気づく、という話はよく聞きます。せっかく店として開業するのであれば、ある程度の設備を考えたほうがよいかもしれません。もし場所を優先するなら、その場所に対してやれることを考えたほうがよいでしょう。

　場所、内容、設備が決まったら内装デザインです。内容、設備まで決まっていれば、デザイナーにスムーズに提案してもらえると思います。常連客が多いと想定される街なら、シンプルに使いやすさを重視するべきです。逆に通り沿いで一見さんが多いと思われる場所では、デザイン性を上げた店舗にしてもよいでしょう。そうすることで写真に撮ってSNSに発信してもらえる可能性が高くなります。ただ、デザインは時代の流れによるので、派手にしすぎると数年後には時代遅れな感じになりかねないので注意が必要です。

●店舗デザインで重要なこと

　デザインをするうえで最も必要なことはストレスを感じないお店作りです。それはお客さまはもちろんのこと、お店のスタッフに対してもです。

　たとえばトイレは「一番キレイにする」というルールのお店が多数あります。一人になれる空間でありリラックスする場所であることから、自然といろいろなものが目についてしまいます。そのため少しでも汚れていると敏感に目に入り、少しずつストレスが溜まります。小さなストレスの積み重ねが溜まるとなんとなく過ごしにくくなり、クレームにならなくても行かないお店になります。

　導線もとても重要です。お客さまの動線を左回りにするとストレスを感じにくくなります。その理由は心臓が体の中心より左にありかばうために左に回る、遠心力により心臓に負担がかからないのが左回りだからなど諸説ありますが、お店もお客さまが入ってから出るまでの流れが左回りになるように作るとストレスが溜まりにくいとされています。

　実際、コンビニエンスストアやスーパーマーケットの多くは左回りになるように設計されていますし、学校のグランドや陸上の競技場も左回りに走るようになっています。非常に混雑するディズニーランドなどはあえて逆回りをしたくなるように工夫されていて、両方から回れるような導線にすることで混雑を緩和しているともいわれています。

　場所、内容、設備、内装デザインが決まれば、あとはメニューを作成してスタッフを教育し、いよいよオープンです！

包材について

　包材とは包装資材や梱包資材の略称で、ドリンク販売にも欠かせないものです。包材があればドリンクを「持ち帰り」することができます。それによるメリットはたくさんありますが、おもなものは以下の通りです。

> メリット① 小さいスペースでの開業が可能になり、
> 　　　　　人件費も少なくてすむ。
> メリット② お店の席数以上の注文を受けられることで
> 　　　　　売上向上につながる。
> メリット③ 包材のデザインでお店の個性を出すことができて、
> 　　　　　広告にもなる。インスタグラムなどSNSからの
> 　　　　　集客にもつながる可能性あり。

　中国では近年、フォーク付きのリッドが発売され深圳のティーショップではフルーツインティーとしてドリンクの中に大きくカットしたフルーツを入れて飲みながら食べるドリンクとしていち早く使われています。包材の進化によって、ドリンクは飲むだけから"飲みながら食べる"スタイルに移行してきています。

☞リッド

プラカップの蓋のことで、平らなものやドーム状のものがある。タピオカミルクティーの店では自動カップシール機を使用したシーラーで密封するのが主流。シーラータイプは密封できるため持ち帰りやデリバリーに使用してもあふれることがない。シールにお店のロゴを入れると宣伝になるが、ドリンクのデコレーションは見えにくくなる。

→ 平らなリッドは万能に使えるが、ホイップクリームなどトッピングがカップの縁より上に出るものには使用しにくく、蓋ができないため持ち帰るのが大変。そのためにあるのがドーム状の蓋。

→ 径のサイズが同じものを購入すればドリンクによって変えることができる。店のスタイルで蓋を選ぶとよい。

☞ カップ

TOGO（持ち帰り）スタイルに向いたプラスチック製のカップ。360ml、500ml、700mlで2〜3サイズ展開など、メーカーによりさまざま。いろいろな形のカップを揃えることは在庫コントロールが難しいので、何を売りたいのかで決めるとよい。

→ フルーツを使用したドリンクやスッキリしたドリンクは
　細めのカップが使いやすい。スイーツ系のクリームを使用したドリンクは
　横幅の広いカップが見た目でもイメージしやすく、トッピングも盛り付けやすい。
　タピオカのドリンクも横幅の広いカップがおすすめ。

→ 店のロゴはカップに印字するかシールを作って貼る。
　印字の場合ロット数が多くなるので在庫が大量になる。
　シールの場合いろいろな形のカップを使用できるが
　貼り付ける作業があり手間がかかる。

→ プラカップの耐熱温度はメーカーによる。
　熱い液体を入れても大丈夫なカップもあるが値段が高い。
　ホットドリンクは見た目が1色になり地味なこと、熱いためお客さまが
　持ちやすいようにスリーブを付けると透明のプラカップに入れても
　最終的には見えなくなることから、紙カップを使うことが多い。

☞ スクリュー&缶キャップボトル

コールドプレスのジュースショップがよく使っている蓋付きのボトル。形状変化のないドリンクや氷を入れないドリンクに適している。店の冷蔵ショーケースに入れておいてディスプレイとしても使用できる。あらかじめ仕込んでおくドリンクに使用することが多い。ボトル自体の値段が高くなるため、その場で作るドリンクではあまり使用することはない。

☞ ストロー

プラスチックのストローが主流だったが、現在は環境破壊につながるため国によっては使用禁止になっている。そこで生まれたのが紙製や竹製、金属製のストロー。紙製はTOGOスタイルに適しているが長時間液体に入れているとふやけて使えなくなる。竹製や金属製は金額が高いので、個人で購入しマイストローで使うことが主流。

索引 ［ティーベース別］

【フレーバーティー】

【ハーブティー】

著者プロフィール

香飲家 KOUINKA

香りは五感の中でも一番記憶に残り、それとともに感情も呼び起こす。おいしい食事やスイーツに欠かせないドリンク。すべてのバランスが整ったときにその環境を自然に楽しむことで深く記憶に残る。人間の無意識の中に持つ感覚に違和感のない心地よい環境作りを理念に、活動をしている片倉康博、田中美奈子、藤岡響によるユニット。

片倉康博 YASUHIRO KATAKURA

バーテンダー時代に QSC、対面サービス、カクテルのさまざまなドリンク知識とバランスのとり方、TPOの重要性などを学び、その経験をカフェ業界へ繋げ、独自の理論によるエスプレッソ抽出技術を広める。ホテル、レストラン、カフェ、パティスリーの顧問バリスタ、調理師・製菓専門学校のドリンクの特別講師として活動。海外からの依頼も多く、台湾、上海、南京、北京、天津、深セン、広州、厦門、杭州でも特別講師を務める。飲食店プロデュース、店舗立ち上げや立て直し、スタッフ教育、ドリンクケータリング、コンサルタント、営業代行、商品開発も手がける。『タピオカミルクティー フルーツティードリンク』(片倉康博・田中美奈子 共著/旭屋出版刊)など。
http://www.espresso-manager.com

田中美奈子 MINAKO TANAKA

料理家、カフェディレクター。DEAN & DELUCAカフェマネージャー、ドリンクメニュー開発担当後に独立。カフェレストランオーナーシェフとバリスタを経て、カフェ店舗商品開発やコンサルティング、フードコーディネートなどを手がける。アパレルブランドの展示会のオーダーメイドケータリングや人気女性誌、広告などの撮影現場のロケ弁は旬の野菜をたっぷり使った料理が好評。著書に『ケータリング気分のBox Food』(文化出版局刊)。
http://life-kitasando.com/

協力 (あいうえお順)

⊙ 株式会社 アントレックス
〒160-0022 東京都新宿区新宿2-19-1 BYGS 7F
https://www.vita-mix.jp
＊ブレンダー:Vitamix (バイタミックス) A2500i (P.61)

⊙ 株式会社 カクニ茶藤
本社:〒421-1221 静岡県静岡市葵区牧ケ谷2083　TEL:054-278-0555
藤枝工場:〒421-1131 静岡県藤枝市岡部町内谷838-1　TEL:054-667-5557
https://chato.co.jp/
＊日本茶茶葉

⊙ 株式会社 立花商店 東京支店
〒107-0062 東京都港区南青山5-4-27-801
TEL:03-6427-5461
http://team-cacao.com/
＊メランジャー:Premier社チョコレートリファイナー＜磨砕・コンチング＞(P.60)

⊙ 株式会社 ティージュ
〒145-0071 東京都大田区田園調布2-21-17
TEL:03-3721-8803
http://www.teej.co.jp/
＊アッサム、ダージリン、アールグレイ茶葉

⊙ 東邦アセチレン 株式会社
営業本部 コンシューマープロダクツ営業部
〒103-0027 東京都中央区日本橋2-16-13 ランディック日本橋ビル4F
TEL:03-3277-1600
http://www.toho-ace.co.jp/
＊ナイトロサーバー(P.61)、エスプーマ(P.61)

⊙ 中沢乳業 株式会社
〒105-0004 東京都港区新橋2-4-7
TEL:03-6436-8800 (代表)
https://www.nakazawa.co.jp/
＊生クリーム、牛乳、ヨーグルト

⊙ 日仏商事 株式会社
〒150-0002 東京都渋谷区渋谷1-20-27
TEL:03-5778-2481
https://www.nichifutsu.co.jp/
＊ボワロン冷凍フルーツピュレ

⊙ HUROM 株式会社
〒135-0064 東京都江東区青海2-7-4 the SOHO 418
TEL:0120-288-859 (お客様窓口)
https://huromjapan.com/
＊コールドプレスジューサー:ヒューロム HWプロフェッショナル スマートホッパー(P.60)

⊙ 株式会社 マルイ物産
〒370-2453 群馬県富岡市宮崎735
TEL:0274-63-1293
https://www.foodboat.co.jp
＊タピオカ、芋丸、白桃烏龍茶茶葉

撮影　山家 学（アンフォト）
装丁・デザイン　佐藤アキラ
DTP　小山牧子
編集　宮脇灯子
　　　十川雅子

ベースとなる茶葉、具材、シロップ、
トッピングの組み合わせから、淹れ方、演出法まで

ティードリンクの発想と組み立て

2020年7月27日　発　行　　　　　NDC596
2022年3月10日　第2刷

著　者　片倉康博、田中美奈子
発行者　小川雄一
発行所　株式会社 誠文堂新光社
　　　　〒113-0033 東京都文京区本郷3-3-11
　　　　電話03-5800-5780
　　　　https://www.seibundo-shinkosha.net/

印刷・製本　図書印刷 株式会社

©2020, Yasuhiro Katakura, Minako Tanaka.
Printed in Japan
検印省略
本書掲載記事の無断転用を禁じます。
万一落丁、乱丁本の場合は、お取り替えいたします。

本書のコピー、スキャン、デジタル化等の無断複製は、著作権法上での例外
を除き、禁じられています。本書を代行業者等の第三者に依頼してスキャン
やデジタル化することは、たとえ個人や家庭内での利用であっても著作権法
上認められません。

JCOPY ＜（一社）出版者著作権管理機構 委託出版物＞
本書を無断で複製複写（コピー）することは、著作権法上での例外を除き、禁
じられています。本書をコピーされる場合は、そのつど事前に、（一社）出版
者著作権管理機構（電話 03-5244-5088／FAX 03-5244-5089／
e-mail:info@jcopy.or.jp）の許諾を得てください。

ISBN978-4-416-62019-9